Impresso no Brasil, março de 2012

Copyright © 2011 Talyta Carvalho

Os direitos desta edição pertencem a
É Realizações Editora, Livraria e Distribuidora Ltda.
Caixa Postal: 45321 · 04010 970 · São Paulo SP
Telefax: (11) 5572 5363
e@erealizacoes.com.br · www.erealizacoes.com.br

Editor
Edson Manoel de Oliveira Filho
Gerente editorial
Gabriela Trevisan
Preparação de texto
Viviam Moreira
Revisão de texto
Geisa Oliveira e Liliana Cruz
Capa, projeto gráfico e diagramação
Mauricio Nisi Gonçalves e André Cavalcante Gimenez / Estudio É
Pré-impressão e impressão
Prol Editora Gráfica

Reservados todos os direitos desta obra.
Proibida toda e qualquer reprodução desta edição
por qualquer meio ou forma, seja ela eletrônica ou mecânica,
fotocópia, gravação ou qualquer outro meio de reprodução,
sem permissão expressa do editor.

Coleção
FILOSOFIA ATUAL

FÉ E RAZÃO NA RENASCENÇA

UMA INTRODUÇÃO AO CONCEITO DE DEUS
NA OBRA FILOSÓFICA DE MARSÍLIO FICINO

TALYTA CARVALHO

PREFÁCIO DE
LUIZ FELIPE PONDÉ

Realizações
Editora

Para Ailton, Cristina, Thais e Caio.

Sumário

Prefácio
  por Luiz Felipe Pondé 9

Agradecimentos. 13

Introdução 15

1. Filosofia do Renascimento: questões e controvérsias. 21
1. Apontamentos Históricos 22
2. Apontamentos Filosóficos 26
3. Humanismo 29
   3.1. Outras Referências em Humanismo: Hans Baron e Eugenio Garin 38
4. A Filosofia da Renascença 42
   4.1. As Escolas Aristotélicas da Renascença 43
   4.2. O Platonismo Renascentista 47
5. Humanismo e Religião: Paganismo *versus* Cristianismo 53

2. A filosofia de Marsílio Ficino: uma metafísica de tributos à tradição 57
1. Biografia: Vida Familiar e Influência Paterna 58
2. A Academia Platônica de Florença: Um Debate Inacabado 63
3. O Platonismo de Marsílio Ficino 68
4. A Ontologia Ficiniana 75
   4.1. O Conceito de Ser 76

4.2. O Conceito de Pensamento 85
4.3. O Conceito de Hierarquia dos Entes............................86
4.4. O Conceito de Causalidade 89

3. O Deus de Marsílio Ficino 93
1. Uma Ambientação Teológica 94
2. A Teologia de Marsílio Ficino 98
    2.1. A Antropologia Ficiniana 98
    2.2. Teoria do Pecado 101
    2.3. Cristologia e Redenção.....................................102
3. O Conceito de Deus em Marsílio Ficino.............. 105
    3.1. Da Necessidade Ontológica da Existência de Deus 106
    3.2. Os Transcendentais: Um Limite na Hierarquia Ontológica 108
    3.3. Uma Defesa Filosófica do Monoteísmo 111
    3.4. A Onipotência Divina 114
    3.5. Um Deus Generoso 116
    3.6. A Vontade Divina...118
    3.7. Um Deus Livre e Necessário..................................124
4. Deus é Perfeito................................... 129

Considerações finais................................ 133
Referências bibliográficas 139

Prefácio
O nome de Deus é Ser

por Luiz Felipe Pondé

Quem é Deus? O que é Deus? Qual é seu nome? Como Ele age? É possível um conhecimento racional de Deus ou Ele é inacessível à razão humana? Qual é a relação entre os seres e Deus? Como podemos pensar essa relação?

Estas são questões essenciais para qualquer filosofia que pretenda compreender este personagem central da tradição ocidental. O tema não interessa apenas aos filósofos e teólogos profissionais, mas também a toda pessoa que busca um entendimento menos banal do lugar de Deus na filosofia. Tais questões são respondidas nesta obra da jovem e promissora filósofa Talyta Carvalho. Sua resposta se constrói a partir do filósofo objeto deste estudo, Marsílio Ficino (1433-1499), um dos maiores expoentes da academia de Florença no Renascimento.

A história da filosofia antiga, medieval, moderna e contemporânea é bem conhecida entre nós, mas não a filosofia do Renascimento. Período conhecido pela revolução na pintura e sua nova perspectiva, o Renascimento é visto como o momento no qual o homem parou de olhar para o céu e passou a olhar para si mesmo, movimento este conhecido como antropocentrismo.

Mas e sua filosofia? O que ela nos legou? Qual é o lugar de Ficino nesta filosofia, mais especificamente sua teologia ou filosofia sobre Deus?

A hipótese que organiza a reflexão de nossa filósofa é: teria Ficino paganizado a filosofia sobre Deus ou podemos considerá-lo, ainda, um filósofo cristão? E se sim, o que caracterizaria uma filosofia como cristã e não pagã? A autora opta por um tratamento histórico-conceitual (e não "apenas" filosófico) na medida em que problematiza a consistência de algumas supostas evidências acerca da filosofia deste período. E neste sentido, ela "entrega" ao leitor mais do que promete (vai além de uma simples resposta a sua pergunta principal e nos oferece um panorama da filosofia do Renascimento em diálogo com alguns de seus maiores nomes da fortuna crítica), revelando sua generosidade como filósofa, traço essencial de qualquer amante da filosofia.

Para realizar tarefa de tamanha monta, a filósofa abre seu percurso com um estudo do contexto no qual se encontra Ficino. História, filosofia e religião tecem um cenário do qual surgirá nosso Ficino platônico, tradutor de obras importantes como o *Corpus Hermeticus* e a própria obra platônica, além de autores essenciais para a filosofia cristã como pseudo-Dionísio, o areopagita.

Também neste contexto, Talyta Carvalho faz uma brilhante discussão acerca daquele conceito que ficou conhecido como tipicamente renascentista, o "humanismo", apesar de os renascentistas jamais o terem usado. É justamente o trabalho de tradução da tradição clássica e a reflexão acerca do ser humano, e de seu lugar na hierarquia do seres criados, que dará lugar a este uso pouco preciso do termo na história da filosofia. A contribuição para um melhor entendimento desse "equívoco" cheio de significado já seria o bastante para coroar o trabalho de nossa jovem filósofa, na medida em que ela busca dar uma justa medida a essa enorme querela.

Mais adiante, já no segundo capítulo, Talyta Carvalho se concentra na pessoa do filósofo Ficino. Sua amizade com Cosme de Médici, seu "patrocinador", e sua inserção na academia de Florença, assim como a querela ao redor de sua existência real ou apenas fictícia. A ontologia de Ficino e sua reflexão sobre os conceitos de Causalidade, Hierarquia dos entes, Pensamento e Ser ocuparão grande parte desse capítulo no qual a filósofa prepara o terreno para responder à sua questão central: seria Ficino um filósofo cristão?

Ao responder a tal questão, a filósofa traz à luz conceitos-chave do pensamento de Ficino, como pecado, visão de homem, redenção e, principalmente, sua cristologia. Cristologia é disciplina teológica que denomina a reflexão ontológica acerca da natureza (divina e humana) de Cristo.

Já aqui percebemos para onde ela nos levará: sim, Ficino faz filosofia cristã. E por quê?

Talyta Carvalho busca no grande medievalista francês Étienne Gilson a referência conceitual para responder de modo definitivo a questão a qual se propõe responder. Para o medievalista, é no diálogo central com a Revelação cristã, ou seja, a literatura bíblica, que se constitui o cerne da identidade de uma filosofia cristã. Razão e fé devem se unir para pensar Deus e os seres.

Fosse Ficino um "filósofo pagão", seu pensamento se construiria ao redor apenas dos conceitos produzidos pela "razão natural", como os gregos antigos, e, portanto, incorreria nos "equívocos" de uma razão não "visitada" pela revelação que Deus faz de si mesmo na Bíblia. Mas Ficino faz filosofia junto com a Bíblia, construindo uma metafísica (disciplina essencialmente filosófica, de origem grega) a partir do texto bíblico, e por isso faz filosofia cristã.

Na sua obra magistral, *Teologia Platônica*, Ficino dirá sobre Deus algo muito semelhante ao que Moisés ouviu da Sua própria "boca" no Monte Sinai (passagem conhecida como coração da "teologia do Êxodo"): Deus é o Ser. Nesse sentido, filosofia platônica e tradição abraâmica se encontram para responder, pelas mãos de Ficino e de nossa jovem filósofa: afinal, quem é Deus?

Agradecimentos

Inicialmente agradeço ao professor Luiz Felipe Pondé, sem o qual esta obra não seria possível. Minha gratidão pela atenção, dedicação e paciência ao longo desses anos. Sou igualmente grata ao meu editor, Edson Manoel de Oliveira Filho, que tão generosamente acreditou em meu trabalho a ponto de publicá-lo. Agradeço também ao professor Fernando Amed, pelas sugestões e críticas que foram fundamentais à versão final deste livro. Além disso, sou grata pela amizade que generosamente me ofertou, assim como pelas conversas e discussões proveitosas que tivemos enquanto este trabalho era concebido. Seus comentários de interlocutor sofisticado incentivaram e permitiram que eu ampliasse minha visão acerca de diversas questões contempladas (assim espero) nesta obra.

Agradeço especialmente a Nathália Schrijnemaekers, amiga de infância, que mesmo habitando em outro hemisfério contribuiu o máximo que pôde com seu carinho e com o envio de livros importados, aos quais, de outra maneira, eu não teria acesso. Por falar em grandes amigos, não poderia deixar de agradecer à amiga de longa data Tatiana Ballan Maluhy, que se dedicou a ler meus textos e se fez presente em toda a minha trajetória com seu apoio incondicional. A Amanda Oliveira Costa, amiga querida, que nos meus piores dias não me deixou desistir e cujas falas foram fundamentais para que eu confiasse ser capaz de realizar este livro. Pelo apoio desde sempre, agradeço ao amigo Rodrigo Simonsen.

O meu agradecimento mais sincero à minha família, para a qual este livro é dedicado. Meus pais Ailton e Cristina, que me forneceram apoio em todos os sentidos que eu poderia desejar, obrigada pela delicadeza de confiarem em mim. À minha avó Zenaide, que me estimulou a escrever e, mesmo sem entender até hoje sobre o que exatamente eu escrevo, sempre oferta seu carinho e sua confiança em minha competência intelectual. Ao meu tio Alcides, por ter apoiado minha decisão de fazer o que eu gostava, e ao meu irmão Caio. E, por fim, à pessoa que eu mais amo neste mundo, minha irmã Thais, agradeço pelo apoio desde o primeiro dia em que desejei ser outra coisa que não uma publicitária. Obrigada por ser minha maior fã e por dedicar-se a querer entender tudo que eu escrevo e leio, para assim poder participar mais avidamente de minhas atividades e de meu mundo. Não há necessidade, pois seu amor me basta e você é a minha melhor metade.

A todos vocês, devo tudo.

Introdução

Este livro nasceu de nossas pesquisas realizadas entre os anos de 2008 e 2010, sob a orientação do professor Luiz Felipe Pondé, com o propósito de compreender os embates religiosos e filosóficos que se iniciaram no Renascimento e acabaram por se estender até os dias de hoje, marcando a concepção de Deus no mundo moderno. A questão acerca de Deus e da necessidade de sua existência para que seja possível uma moral consistente sempre permeou os nossos interesses.

O Renascimento é um período pouco pesquisado pela filosofia, especialmente no Brasil. A área de filosofia do Renascimento está começando agora em nosso país, daí a importância do tema. Há, sem dúvida, pesquisas no campo da filosofia política – com trabalhos sobre Maquiavel e sobre Republicanismo, por exemplo –, no entanto em outros recortes filosóficos o conhecimento é esparso. De igual modo, no campo da religião tem-se privilegiado os impasses da díade "Reforma e Contrarreforma". Assim, a questão acerca de Deus no Renascimento não encontra discussão ou até mesmo pesquisas fora do limite histórico e teológico da Reforma.

Mais raras ainda são as discussões sobre o pensamento de Marsílio Ficino. Esse filósofo ainda permanece pouco conhecido e estudado, e a questão de Deus em seu pensamento não encontrou ainda nenhuma atenção específica. Ao seu pensamento há comentários sobre a questão da influência da escolástica em seu sistema, como o livro *The Secular is Sacred: Platonism and Thomism in Marsilio Ficino's Platonic Theology*, de A. B. Collins; sobre seu neoplatonismo, como *The Platonism of Marsilio Ficino*, de Olga Zorzi Pugliese. Há ainda um comentário geral de sua filosofia, feito por Paul Oskar Kristeller, intitulado *The Philosophy of Marsilio Ficino*; no entanto, o conceito de Deus ainda não encontrou atenção específica.

Assim, a importância da publicação de nossa obra é de render ao menos um fruto, a saber: tornar conhecido um autor pouco estudado, bem como o tema inserido em seu período histórico. A relevância desta publicação se dá, também, na medida em que Marsílio Ficino constituiu-se um importante pensador de transição no âmbito das ciências da religião e da filosofia. Ele se destacou por ter realizado a união efetiva entre cristianismo e platonismo, tornando-se, assim, um filósofo fundamental para se entender o conceito de Deus no Ocidente na passagem da Idade Média para a Idade Moderna.

O objeto de nossa investigação é o conceito de Deus em Marsílio Ficino. A aproximação do objeto se deu a partir de dois critérios demarcatórios, a saber:

O primeiro critério demarcatório é temporal, motivo pelo qual a pesquisa foi restringida ao Renascimento, período histórico em que tal pensamento foi concebido. Ademais, obras renascentistas escritas depois do século XV não foram levadas em consideração (mesmo que abordem o conceito de Deus), pois o foco deste livro é o conceito de Deus no início da Modernidade.

O segundo critério demarcatório foi a restrição da pesquisa ao pensamento do filósofo renascentista Marsílio Ficino. Analisamos especificamente o livro II do volume 1 de sua obra *Teologia Platônica*, no qual o pensador trata da questão de Deus. Comentários sobre seu pensamento que abordem outros conceitos e questões, tais como influências pagãs ligadas ao hermetismo ou orfismo, os aspectos tomísticos de seu sistema, as reflexões astrológicas ligadas à medicina, entre outros, não entraram na investigação.

Sabe-se que o cenário intelectual do século XV era o das disputas filosóficas, ou seja, ainda bastante influenciado pela escolástica. A *Teologia Platônica* foi a forma que Ficino encontrou para combater, de maneira sistemática, os averroístas e alexandristas nessa disputa acerca da alma – estes últimos declaravam que a filosofia era incapaz de provar os princípios centrais da fé, como a imortalidade da alma, por exemplo. Tal questão recebeu o lugar central no pensamento do autor renascentista, cuja preocupação diante do debate era, principalmente, moral e religiosa.

Consta, segundo a tradição, que Ficino acreditava que a negação da possibilidade de se provar (racionalmente) a imortalidade da alma – como sustentavam os averroístas e alexandristas – estaria solapando a necessidade de uma conduta reta, uma vez que, se a alma fosse mortal, a crença em recompensas e castigos se dissolveria, bem como, consequentemente, incentivaria o comportamento imoral. Logo, Ficino enxergava seu trabalho intelectual como missão. No entanto, apesar de reconhecermos a importância e o lugar de destaque que a alma recebe no conjunto da obra do filósofo, não nos adentraremos nessa discussão. Por motivo de tempo e espaço, limitamos nosso assunto ao conceito de Deus que emerge no primeiro tomo da obra.

Marsílio Ficino ficou conhecido justamente por tentar efetuar a reconciliação entre platonismo e cristianismo. Segundo James Hankins,[1] importante comentador de Ficino, o autor de *Teologia Platônica* alimentava esperanças de que tal reconciliação provocaria um despertar espiritual. Afligia o padre filósofo o fato de que, nos seus dias, a crença religiosa começara a experimentar as consequências da dissociação entre piedade (*caritas*) e filosofia. Via com maus olhos a autonomia que a filosofia vinha adquirindo em relação à religião nas universidades e, para combater essa tendência, pensava ser necessário não um recuo ao fideísmo, mas antes o estabelecimento de Platão como principal base filosófica para a crença cristã.

---

[1] No artigo "Marsilio Ficino". Disponível em: www.isns.us.

Nessa proposição, Ficino contava com a sustentação fornecida pela autoridade de Santo Agostinho, que em seu *Cidade de Deus* declarara Platão o filósofo pagão mais próximo do cristianismo. A intenção era reavivar a união entre religião e sabedoria filosófica (*docta religio*), e a tradição platônica parecia ser a melhor referência para a empreitada.

Em face desse breve panorama temático, as questões que se apresentam são:

1. Que deus é esse que Ficino contemplou ao tentar confluir filosofia pagã, elevada ao caráter de revelação, e religião cristã? Seria um deus pagão ou cristão?

2. Teria seu esforço de reconciliação entre razão e fé paganizado o cristianismo? Ou sua filosofia permanece cristã *apesar* das influências pagãs?

Conforme apontamos anteriormente, o conflito de Marsílio Ficino era de ordem moral e religiosa. Ficino tinha em péssima conta a trajetória autônoma que a filosofia começara a traçar em relação à religião nos primórdios do Renascimento. Segundo o filósofo, a solução que evitaria as consequências desastrosas desse percurso de dissociação dava-se no restabelecimento de Platão. Entretanto, o que nos restou verificar é se, apesar da boa intenção e reta motivação, Ficino não acabou por paganizar o cristianismo.

O que pretendemos aqui foi verificar se tal tese se sustenta, ou seja, investigamos se, de fato, ao tentar combater a cisão entre religião e filosofia por meio da recuperação do platonismo místico, Ficino acabou contribuindo para o desaparecimento de Deus na modernidade, de modo que, ao propor sustentar a fé pela razão, a própria razão a tenha dissolvido. Nosso objetivo foi iluminar a maneira pela qual Ficino faz a mediação do conceito de Deus judaico-cristão e filosofia platônica, bem como averiguar qual é o deus que surge quando se unem crenças religiosas e sistemas filosóficos no momento histórico em que se inicia o próprio eclipse de Deus, de forma que contribua para uma melhor compreensão do problema de Deus na modernidade.

Para melhor compreensão do tema, a trajetória deste livro será a seguinte: partiremos inicialmente das visões históricas de Renascimento traçadas por Jacob Burckhardt, em *A Cultura do Renascimento na Itália*, e por Jean Delumeau, em *A Civilização do Renascimento*. Como veremos, Burckhardt define Renascimento como o momento histórico do desenvolvimento do indivíduo e da descoberta do mundo e do homem, rompendo, em certa medida, com o conceito de que Renascimento seria um mero "redespertar da Antiguidade". Em contraposição, traremos também a visão de Jean Delumeau, que pensa o Renascimento como um "momento de contradições", no qual não houve, ao contrário do que se costuma dizer, uma ruptura com a Idade Média, tida como "Idade das Trevas", e advento de uma "Idade da Luz", que seria o Renascimento. Delumeau chega a afirmar que entre os séculos XV e XVI podemos observar um aumento do obscurantismo na proliferação de alquimistas, astrólogos e feiticeiras, e não um maior esclarecimento.

Em seguida, desenvolveremos uma reflexão sobre a filosofia no Renascimento e a questão do humanismo. Nosso esforço será no sentido de pontuar as principais questões filosóficas e características do período, assim como tentar estabilizar o conceito de humanismo. Para tal empresa, nos valeremos em especial de obras do filósofo Paul Oskar Kristeller (principal referência nessa discussão), como *Renaissance Concepts of Man and Other Essays*; *Renaissance Thought: The Classic, Scholastic, and Humanist Strains*; e *Renaissance Thought and its Sources*.

Posteriormente, no segundo capítulo, passaremos à apresentação da filosofia de Marsílio Ficino propriamente. Iniciaremos esse caminho com sua biografia e os momentos dela que se configuraram como fundamentais para que Ficino se tornasse o pensador que foi. Nosso apoio bibliográfico será o de sua primeira biografia, escrita por Giovanni Corsi, "The Life of Marsilio Ficino", e de sua biografia revisitada, escrita por Marcel Raymond, *Marsile Ficin (1433-1499)*. Veremos também a controvérsia envolvendo a Academia Platônica de

Florença, a partir dos textos de Arthur Field e James Hankins ("The Platonic Academy of Florence" e "The Myth of the Platonic Academy of Florence", respectivamente), além de uma apresentação de um panorama geral do platonismo de Ficino, recorrendo especialmente a Dominic O'Meara (*Neoplatonism and Christian Thought*) e a Pierre Magnard (*Marsile Ficin – Les Platonismes à la Renaissance*). A segunda parte trata de conteúdos exclusivamente filosóficos e abordará a ontologia de Marsílio Ficino, discutindo os conceitos de ser, pensamento, hierarquia dos entes e causalidade. Para tanto, fundamentaremos nossa exposição no livro *The Philosophy of Marsilio Ficino* de Paul Oskar Kristeller.

O capítulo 3 constitui-se basicamente de uma exposição do conceito de Deus em Ficino, o objeto deste livro. Em virtude da falta de fontes bibliográficas sobre as passagens que tratam desse aspecto de seu pensamento, faremos nosso percurso até a definição do conceito da seguinte forma: indiretamente, delinearemos o ambiente filosófico em que o pensador se encontrava, utilizando as teses de Jacques LeGoff (*Os Intelectuais na Idade Média*) e também de outros autores, como Johan Huizinga (*O Declínio da Idade Média*). Em seguida, veremos quais doutrinas teológicas podem ser depreendidas de seu pensamento e, para isso, recorremos ao texto "Marsilio Ficino as a Christian Thinker: Theological Aspects of his Platonism", de Jörg Lauster. Por fim, faremos uma leitura das principais proposições que envolvem Deus no pensamento de Ficino. Todavia, salientamos que utilizaremos aqui apenas as passagens presentes no livro II de *Teologia Platônica*, pois trata especificamente desse conceito.

Como não pretendemos esgotar neste livro nem o tema, tampouco as questões implicadas na discussão de Deus na filosofia e, em especial, na filosofia de Marsílio Ficino – o que, sem dúvida, deixará o leitor sedento de mais informações –, sempre que possível remeteremos o leitor às indicações de bibliografia que o ajudarão a ampliar a compreensão dos conceitos.

1. Filosofia do Renascimento:
Questões e Controvérsias

(...) teremos de nos aproximar, como sempre se deveria aproximar do passado, com certa humildade e respeito.[1]
James Hankins

Neste capítulo inicial, a nossa proposta é fazer uma breve exposição de alguns aspectos conceituais importantes para a compreensão da filosofia de Deus em Marsílio Ficino.

Julgamos ser apropriado este primeiro capítulo introdutório, uma vez que o Renascimento é um período pouco estudado em nosso país e, de modo geral, alvo de muitos preconceitos e má compreensão. Pretendemos, assim, esclarecer a época em que o autor objeto de nosso livro viveu, na medida em que tal entendimento será fundamental para a própria assimilação de seu pensamento. Também julgamos ser importante a elaboração deste capítulo preliminar, dedicado exclusivamente à ambientação histórica, filosófica e religiosa do Renascimento, porque não poderíamos partir diretamente para a discussão de Marsílio Ficino sem antes esclarecermos as principais categorias e a terminologia utilizadas no

---

[1] James Hankins, *The Cambridge Companion to Renaissance Philosophy*. Cambridge, Cambridge University Press, 2007.

campo de estudos da Renascença, assim como apresentar as controvérsias e questões que costumam permear os trabalhos ligados a esse período histórico.

Começaremos pelas caracterizações históricas da Renascença, partindo das hipóteses contraditórias de Jacob Burckhardt e Jean Delumeau. Em seguida, adentraremos o problema de definir o conceito de humanismo e, para tanto, nos valeremos das concepções de autores como Paul Oskar Kristeller, Eugenio Garin e Hans Baron, fazendo-os dialogar sempre que possível.

Posteriormente, trataremos da filosofia do Renascimento, em especial da escola aristotélica *averroísta* apresentada em razão de ser oposta ao *platonismo*, que será exposta na sequência e que é a escola filosófica de Marsílio Ficino. Finalmente, encerraremos com um pequeno comentário sobre religião na Renascença.

1. Apontamentos Históricos

O período de transição entre a Idade Média e a modernidade, que ficou conhecido sob a alcunha de "Renascimento", é de difícil definição histórica e filosófica. Grandes nomes, como Jacob Burckhardt, Georg Voigt, Jean Delumeau, Paul Oskar Kristeller, Hans Baron e Eugenio Garin, entre outros, empreenderam pesquisas e trabalhos importantes, tanto para estabelecer e aprofundar o debate, quanto para esclarecer e sedimentar questões fundamentais para esse campo de estudos.

Em *A Cultura do Renascimento na Itália*[2] (1860), Jacob Burckhardt (1818-1897) consagrou-se como um grande nome na área de estudos do Renascimento. Esse livro forneceu, por um longo período de tempo, a mais importante interpretação

---

[2] Jacob Burckhardt, *A Cultura do Renascimento na Itália*. São Paulo, Companhia das Letras, 2003; 1. ed. 1860.

da cultura renascentista para todos os estudiosos que se debruçassem sobre o tema. O texto caracteriza a Renascença como um momento histórico, que, além de ser marcado pela retomada da Antiguidade,[3] era também momento de "ruptura plena" com a Idade Média. Entretanto, a tese central e original de Burckhardt era que a Renascença caracterizava-se, fundamentalmente, pelo surgimento do indivíduo moderno:

> Na Idade Média, ambas as faces da consciência – aquela voltada para o mundo exterior e a outra para o interior do próprio homem – jaziam, sonhando ou em estado de semivigília, como que envoltas por um véu comum. De fé, de uma prevenção infantil e de ilusão tecera-se esse véu, através do qual se viam o mundo e a história com uma coloração extraordinária; o homem reconhecia-se a si próprio apenas enquanto raça, povo, partido, corporação, família ou sob qualquer outra das demais formas do coletivo. Na Itália, pela primeira vez, tal véu se dispersa ao vento; desperta ali uma contemplação e um tratamento *objetivo* do Estado e todas as coisas deste mundo. Paralelamente a isso, no entanto, ergue-se também, na plenitude de seus poderes, o *subjetivo*: o homem torna-se um indivíduo espiritual e se reconhece enquanto tal.[4]

---

[3] A ideia que afirma que o Renascimento se caracterizou por uma retomada da Antiguidade não foi originalmente cunhada por Burckhardt, tampouco foi o estudioso suíço o pioneiro em estudos renascentistas. Um ano antes de Burckhardt, Georg Voigt (historiador alemão nascido em 1827 e falecido em 1891) publicou *Die Wiederbelebung des Classischen Alterthums Oder das Erste Jahrhundert des Humanismus* (1. ed. Berlim, 1859; Nabu Press, 2010). Foi nesse trabalho seminal que, pela primeira vez, surgiu a ideia de que o período que sucedeu a Idade Média foi marcado por um reavivamento da Antiguidade, daí o nome "Renascimento". Também nesse trabalho consta a ideia, hoje popular, de que Petrarca iniciou o movimento humanista. Há similaridades entre os trabalhos de Voigt e Burckhardt, como, por exemplo, o fato de ambos afirmarem que a Renascença e a Idade Média eram períodos históricos em contraste, sendo o Renascimento um rompimento claro com a cultura medieval. No entanto, divergem quanto ao papel desempenhado pela retomada da Antiguidade na civilização renascentista. Para Voigt, essa era a principal característica da Renascença, enquanto Burckhardt julgava que a retomada da civilização antiga não era necessária para que a Renascença tivesse ocorrido, muito embora tenha desempenhado um papel na formação cultural do período.

[4] Jacob Burckhardt, op. cit., p. 111 (grifos do autor).

As teses de Jacob Burckhardt, no cenário intelectual atual, têm sido muito criticadas. Em franca oposição às suas afirmações, encontramos o historiador Jean Delumeau que, em *A Civilização do Renascimento*,[5] direciona outro olhar para o período. Para esse autor, o próprio termo "Renascimento" já implica imprecisão conceitual, uma vez que, de acordo com sua compreensão histórica, não houve uma ruptura brusca com a Idade Média tal como Burckhardt julgava. A tese de que o Renascimento caracteriza-se por oposição à Idade Média não só é considerada falsa por um estudioso como Delumeau, como também indica falta de conhecimento do período histórico. Essa é uma das críticas que tem sido feitas a Burckhardt por caracterizar a Idade Média como "obscurantista e repressora", enquanto o Renascimento teria sido o momento histórico das "luzes" e da libertação das amarras medievais. Essa falta de simpatia para com o Medievo tem sido interpretada por estudiosos, tais como Christopher Celenza e James Hankins, no sentido de que Burckhardt não teria se aprofundado para conhecer a Idade Média.

De acordo com Delumeau, não se pode separar Idade Média e Renascimento com epítetos como "Idade das Trevas" e "Idade da Luz". Hoje se sabe que o período medieval não foi obscurantista e que a Renascença tampouco foi um período de "luzes". Em certo sentido, a Renascença foi mais obscurantista que o Medievo, repleta de crenças em alquimia, feitiçaria e astrologia. Ele reflete a ideia de que o Renascimento foi um período de contradições, não de esclarecimento, e o define dizendo que "Renascimento significa a promoção do Ocidente numa época em que a civilização da Europa ultrapassou, de modo decisivo, as civilizações que lhe eram paralelas".[6]

Para esse historiador, também não houve, no Renascimento, uma retomada da Antiguidade, como se durante a Idade Média ela tivesse sido esquecida. De fato, a Idade Média nunca perdeu contato com a Antiguidade. Exemplos não faltam:

---

[5] Jean Delumeau, *A Civilização do Renascimento*. Vol. 1-2. Lisboa, Estampa, 1994.
[6] Jean Delumeau, op. cit., vol. I, p. 20.

o chamado "Renascimento Carolíngio", nos séculos VIII e IX, conservou e produziu cópias de manuscritos de autores clássicos; nos séculos XI e XII, houve uma retomada de estudos clássicos e produziram-se comentários das obras de Ovídio, Sêneca e Horácio; além disso, foram os acervos medievais sobre a Antiguidade que serviram, em grande medida, de fonte para o humanismo nascente.[7]

A tese de Burckhardt foi predominante durante o século XIX e continuou exercendo grande influência até meados dos anos 1930, quando surgiu uma nova geração de estudiosos, tanto na Europa quanto nos EUA, que passou a ter acesso a novas fontes e materiais que, por sua vez, levaram a novas conclusões. Tal acontecimento acabou por contribuir para o aumento das críticas ao trabalho de Burckhardt, e, desde então, esse *scholar* suíço deixou de ser considerado a principal autoridade no tema. A justificativa dada foi que Burckhardt não teve acesso a todo o espectro de fontes existentes para estudar o período, fato que se deve à própria natureza limitativa desse material, composto, em grande parte, por textos em latim e que, durante o século XIX, ainda não estava devidamente editado e catalogado.[8]

Apesar das críticas, o trabalho de Jacob Burckhardt ainda possui prestígio. A tese central do individualismo (mesmo tendo sido negada por ele na velhice)[9] e do Renascimento como marca do início da modernidade permanece forte, e por mais que o autor seja raramente citado ou utilizado em pesquisas atuais da área, pode-se afirmar, sem dúvida alguma, que a

---

[7] Ibidem, p. 87-88.

[8] Christopher S. Celenza, *The Lost Italian Renaissance: Humanists, Historians, and Latin's Legacy*. Baltimore, The Johns Hopkins University Press, 2004, p. xii.

[9] Como afirma Peter Burke na introdução de *A Cultura do Renascimento na Itália*, Jacob Burckhardt foi criticado em sua tese do individualismo moderno em razão de haver sugerido que o homem medieval não via a si mesmo como indivíduo e tinha consciência de si "apenas enquanto (...) uma das formas de coletivo" (para referência, ver nota número 2). Ao definir individualismo tendo por critério a autoconsciência, Burckhardt ignorou o fato de que havia, por exemplo, autobiografias na Idade Média (como a de Abelardo, por exemplo), o que poderia indicar que o homem medieval tinha sim consciência de si enquanto indivíduo. O que talvez tenha ocorrido na Renascença foi uma intensificação da importância dada a essa individualidade (Jacob Burckhardt, op. cit., p. 14).

leitura de seu famoso ensaio é fundamental para a formação de um estudioso da Renascença.

Dessa forma, reconhece-se hoje a dificuldade para definir e caracterizar historicamente um período tão complexo como o Renascimento. As tensões entre as principais concepções permanecem. Se ele representou ou não uma ruptura com a Idade Média, se foi um "período de luzes" ou se marcou o nascimento do "sujeito moderno", ainda não há consenso entre os estudiosos. O que é patente nesse campo de estudos é a concepção de que o Renascimento foi um período de transição com uma cultura que lhe foi peculiar e que, de alguma forma, lançou as sementes de um novo momento na história da civilização, que ficou conhecido como modernidade.

2. Apontamentos Filosóficos

A ideia comum que afirma que os pensadores do Renascimento foram "esquecidos" pela filosofia não é de toda falsa. Com efeito, houve um desinteresse geral da área pelo pensamento surgido nesse momento de transição, e isso se deveu, em grande medida, ao fato de a "modernidade filosófica" não coincidir com a "modernidade histórica". De um ponto de vista filosófico, a modernidade inicia-se apenas quando se faz da razão o "tribunal supremo", ou seja, no século XVII, com René Descartes. Assim, a filosofia da Renascença permanece em uma espécie de limbo filosófico, ou, como caracterizou James Hankins:

> Os filósofos da Renascença frequentemente pareceram como uma espécie de vale entre duas colinas. Em uma colina estão os grandes filósofos escolásticos – Aquino, Scotus, Ockham – grandes construtores de sistemas e analistas brilhantes da linguagem, da lógica e da metafísica. Na outra colina estão os grandes construtores de sistemas do século XVII – Descartes, Hobbes, Leibniz e Spinoza, homens que podem ser

sensatamente descritos como pertencentes ao mundo do pensamento moderno.[10]

Esse cenário intelectual só começou a mudar no século XX, quando a visão depreciativa da Renascença passou a ser transformada pelas pesquisas de estudiosos como Hans Baron, Paul Oskar Kristeller e Eugenio Garin, para citar apenas os nomes mais proeminentes. A filosofia do Renascimento permaneceu escolástica? Seria o humanismo a principal contribuição filosófica da Renascença? Teria a filosofia renascentista legado algo a nós? A filosofia medieval teria sido aristotélica enquanto a renascentista teria sido platônica? Questões como essas e muitas outras foram postuladas por esses autores, cujo trabalho foi fundamental para desmistificar e lançar luz sobre esse momento filosófico, alvo de tantas confusões conceituais.

Atualmente, é consenso entre *scholars* que, em matéria de estudos do Renascimento, a maior autoridade é Paul Oskar Kristeller. Por essa razão, nortearemos a exposição das principais questões e problemas de acordo com suas teses, contrapondo-as, eventualmente, às teses de outros pensadores.[11]

Em se tratando de filosofia da Renascença, de imediato temos de nos confrontar com a questão do antropocentrismo e do humanismo, sendo essa última uma das questões de maior dificuldade conceitual e alvo constante de confusões semânticas. Diz Kristeller:

> uma visão do período renascentista que é difundida e que tem sido frequentemente repetida: a Renascença, de acordo com esta visão, teve um interesse e preocupações especiais com o homem e seus problemas. Com muita frequência – e, no meu modo de ver, erroneamente –

---

[10] James Hankins (org.), "The Significance of Renaissance Philosophy". In: *The Cambridge Companion to Renaissance Philosophy*. Cambridge, Cambridge University Press, 2007, p. 339.

[11] Essa decisão não implica, de forma alguma, que concordamos plenamente com Kristeller ou que tomamos igualmente a decisão de alinhar nosso texto às suas teses. Observamos aqui que a preferência em destacar as ideias desse autor específico tem motivação meramente metodológica.

essa noção é associada ao fenômeno chamado *humanismo renascentista*, e, enfatizando a diferença que distingue a Renascença do período que a precede, tem sido sugestivamente afirmado que o pensamento renascentista era antropocêntrico, ao passo que o pensamento medieval era teocêntrico. Muitos historiadores têm louvado a Renascença pela assim chamada tendência humanista e têm visto nela o primeiro passo no desenvolvimento intelectual que levara em direção ao Iluminismo e ao pensamento secular moderno. Outros historiadores, mais simpáticos à Idade Média, e menos entusiasmados com o pensamento secular moderno, têm sustentado a mesma visão factual, mas invertendo o juízo de valor, declarando, como um deles colocou, que a Renascença foi "a Idade Média menos Deus".[12]

É importante salientar que Kristeller faz afirmações, como a citada, partindo de uma concepção pessoal e clara segundo a qual, entre Idade Média e Renascimento, houve continuidade e não ruptura. E sempre que um aspecto caracterizador do período for muito enfatizado, por ser julgado pioneiro, deve-se analisar esse aspecto sob uma perspectiva cética. Desse modo, é compreensível que, em seu *Renaissance Concepts of Man and Other Essays*, ele sustente que a ênfase dada ao homem no pensamento renascentista e a forma como seu lugar no mundo foi concebida não foram novidade alguma do ponto de vista histórico-filosófico. De acordo com o autor, visões semelhantes podem ser encontradas tanto em autores antigos quanto em medievais, e muitas vezes essas visões não são apenas conhecidas pelos pensadores do Renascimento, como são citadas por eles, inclusive.[13] Isso não quer dizer que Kristeller negue o fato evidente de que o Renascimento foi caracterizado por um forte antropocentrismo, mas apenas que tal antropocentrismo não foi tão original no período como gostaríamos de pensar.

---

[12] Paul Oskar Kristeller, *Renaissance Concepts of Man and Other Essays*. Nova York, Harper & Row Publishers, 1972, p. 1. O pensador em questão, autor da declaração ao final da citação, é o filósofo francês Étienne Gilson.

[13] Paul Oskar Kristeller, *Renaissance Concepts of Man and Other Essays*, op. cit., p. 2.

Para estudiosos como ele, o problema do homem no pensamento renascentista constitui um quadro deveras complexo, quando se leva em conta o período como um todo; e, não obstante, a diversidade de teorias de muitos autores implica uma grande variedade de concepções do homem, o que torna, nas palavras do próprio autor, "extremamente difícil, se não impossível, reduzir todas a um denominador comum".[14] Voltaremos a esta questão do homem posteriormente, quando tratarmos da relação entre humanismo e dignidade humana.

3. Humanismo

Passaremos a discutir, agora, o problema para definir o conceito de maior complexidade no campo da história e da filosofia do Renascimento: o de humanismo.[15] A dificuldade dessa empreitada dá-se pelo fato de que, no decorrer do tempo, a própria palavra "humanismo" não só adquiriu grande instabilidade semântica como também se esvaziou conceitualmente. Isso ocorreu devido ao seu uso irrestrito associado às mais diversas concepções que, de algum modo, exaltavam a valorização humana.

Quando falamos em humanismo no Renascimento, estamos usando um termo anacrônico, o que já indica que problemas e confusões conceituais estarão no horizonte da reflexão. Durante o Renascimento, não houve um movimento intelectual que se autodenominou "humanismo", de modo que o grupo de pensadores que hoje designamos "humanistas", caso fossem indagados se estavam alinhados a tal movimento, não compreenderiam o que o interlocutor deseja saber, tampouco

---

[14] Ibidem, p. 2.
[15] Optamos por tratar do conceito de humanismo, antes mesmo de entrar no tópico seguinte a respeito da filosofia da Renascença, por adotar o hábito recorrente nesse campo de estudos de separar humanismo e filosofia renascentista. Tal separação será mais evidente à medida que o texto se desenvolver. Nosso propósito ao separar os tópicos e antecipar a análise desse conceito é justamente evitar que haja confusão e se identifique o humanismo como a filosofia da Renascença, o que este não foi.

saberiam o que o termo "humanismo" significa, já que ele não existia nessa época.[16]

A palavra "humanismo" surgiu, pela primeira vez, apenas no século XIX, precisamente em 1808, quando o educador alemão F. J. Niethammer utilizou o termo para, nas palavras de Kristeller, expressar a ênfase dada ao estudo de clássicos latinos e gregos durante a fase escolar, que, no Brasil, denomina-se ensino fundamental e médio, em oposição às demandas por uma educação mais prática e científica.[17] Assim teve início a ideia de que "humanismo no Renascimento", dentre outras definições, significaria uma educação clássica. Tal ideia ganhou ainda mais força, segundo James Hankins,[18] quando Georg Voigt afirmou[19] que o termo significava uma retomada dos estudos clássicos.

Ainda de acordo com Hankins, em seu texto "Humanism, Scholasticism, and Renaissance Philosophy", outra corrente de pensadores atribuía ao termo "humanismo" certa perspectiva filosófica:

> O humanismo, de acordo com eles, reduzia o divino ao humano, opunha-se a qualquer tipo de dogma religioso ou revelação e baseava a reflexão filosófica numa concepção de ser humano como uma entidade puramente biológica, formada a partir do resultado de um processo evolutivo, sem uma natureza espiritual imaterial.[20]

---

[16] O único termo que existia na época era "humanista", o qual derivava do latim *studia humanitatis*, que se poderia traduzir por um conjunto de disciplinas (gramática, retórica, história, poesia e ética) estudadas a partir de escritores clássicos, na língua original, geralmente o latim e, em grau menor, o grego. Assim, usava-se o termo "humanista" para designar o estudante ou professor dessas disciplinas (Paul Oskar Kristeller, "The Humanist Movement". In: *Renaissance Thought: The Classic, Scholastic, and Humanist Strains*. Nova York, Harper Torchbooks, 1961).

[17] Paul Oskar Kristeller, "The Humanist Movement". In: *Renaissance Thought and its Sources*. Nova York, Columbia University Press, 1979, p. 21-22.

[18] James Hankins (org.), "Humanism, Scholasticism, and Renaissance Philosophy". In: *The Cambridge Companion to Renaissance Philosophy*. Cambridge, Cambridge University Press, 2007, p. 30-31.

[19] *Die Wiederbelebung des Classischen Alterthums Oder das Erste Jahrhundert des Humanismus*. Nabu Press, 2010.

[20] James Hankins (org.), "Humanism, Scholasticism, and Renaissance Philosophy", op. cit., p. 30-31.

Essa corrente, que ganhou maior fama, foi a origem da concepção de que, se houve um movimento denominado humanismo, esse movimento teve um cunho filosófico. Partindo dessa ideia, não é difícil perceber como se concluiu (erroneamente, segundo os estudiosos da atualidade) que o humanismo se constituía como uma "filosofia do homem".

Ao traçar essa trajetória conceitual, fica claro para Hankins o motivo pelo qual a obra de Kristeller representou um divisor de águas na área de estudos do Renascimento. Por mais de cem anos, o conhecimento sobre humanismo renascentista ficou imerso em grande confusão, a qual provinha, basicamente, do hábito dos estudiosos de misturarem as duas concepções aqui expostas, atitude esta que em nada ajudava as pesquisas a avançarem, além de produzir, cada vez mais, obscuridade conceitual.

A terminologia nebulosa dissipou-se (pelo menos, no meio acadêmico anglo-saxão) apenas por meio da influência do trabalho de Kristeller, que lia excepcionalmente bem o latim e teve acesso às fontes e documentos catalogados em primeira mão. Esse autor argumentava que o humanismo não poderia ser representado como uma "filosofia do homem" pela simples razão de que os humanistas não eram filósofos,[21] mas, sim, homens de letras. Portanto, seria melhor caracterizá-lo como um movimento que teve suas raízes na tradição retórica medieval a fim de recuperar a linguagem e a literatura da antiguidade clássica.

Sobre a questão de o humanismo ser ou não um movimento filosófico, leiamos o próprio Kristeller:

> (...) o humanismo na Renascença não foi tanto uma tendência filosófica ou um sistema, mas, melhor compreendido, um programa cultural e educacional que enfatizou e desenvolveu uma importante, porém limitada, área de estudos. Essa área tinha como seu centro um grupo de matérias que não estavam essencialmente preocupadas nem com os clássicos nem com

---

[21] Retomaremos e aprofundaremos essa questão no decorrer deste capítulo.

a filosofia, mas com o que talvez seja descrito como literatura. Era para esta peculiar preocupação literária que o estudo intensivo e extensivo que os humanistas devotavam ao grego e, especialmente, aos clássicos latinos, deveu seu caráter peculiar (...).[22]

Ou ainda:

> Além disso, as *studia humanitatis* incluem uma disciplina filosófica, isto é, a moral, mas excluem, por definição, campos tais como lógica, filosofia da natureza e metafísica, assim como matemática e astronomia, medicina, direito e teologia, para mencionar apenas os campos que possuíam um lugar firmemente estabelecido no currículo das universidades e nos esquemas classificatórios do período. Esse fato persistente parece-me fornecer evidência irrefutável contra as repetidas tentativas de identificar o humanismo na Renascença com a filosofia, a ciência ou o saber do período como um todo.[23]

O que parece ser claro para Kristeller, tal como afirma em *Renaissance Concepts of Man and Other Essays*, é que a contribuição do humanismo foi essencialmente cultural e não filosófica, e isso se justifica pelo apontamento óbvio de que os humanistas se abstiveram de discutir problemas verdadeiramente filosóficos (metafísica, no entender de Kristeller), além de omitirem áreas que são parte da filosofia como um todo, ao passo que incluíram outras disciplinas que não são geralmente consideradas parte da filosofia, tais como história e literatura.[24]

Desse modo, compreende-se a gênese da tese de Kristeller acerca do humanismo: se não foi um movimento filosófico, originado na efervescência cultural causada pela retomada dos clássicos, o que foi então? Qual sua origem? Em um

---

[22] Paul Oskar Kristeller, *Renaissance Thought and its Sources*. Nova York, Columbia University Press, 1997, p. 22-23.

[23] Ibidem.

[24] Paul Oskar Kristeller, "Renaissance Philosophy and Medieval Tradition". In: *Renaissance Concepts of Man and Other Essays*. Nova York, Harper & Row Publishers, 1972, p. 27.

trabalho produzido ainda no início de sua carreira, nos anos 1940, e intitulado "Humanism and Scholasticism in the Italian Renaissance", o autor argumenta que o humanismo não surge a partir do estudo dos clássicos e tampouco foi uma corrente filosófica que visava confrontar a escolástica, mas que pode ser mais bem compreendido enquanto um fenômeno cultural, fruto da evolução da tradição retórica e gramatical da Idade Média. Em suas próprias palavras, "os humanistas eram os herdeiros e sucessores profissionais dos retóricos, os chamados *dictatores*".[25] Em outro ensaio, dez anos mais tarde, chamado "The Humanist Movement", o autor afirma, ainda com maior veemência, que o humanismo deve ser entendido como uma fase característica da tradição retórica ocidental.[26]

Uma leitura desatenta pode deixar a impressão de que a definição dada por Kristeller ao movimento humanista é por demais limitada e restritiva. Todavia, vale notar, uma leitura mais cuidadosa do conjunto de sua obra parece indicar o contrário, como bem apontou Angelo Mazzoco em sua introdução ao compêndio *Interpretations of Renaissance Humanism*. De acordo com este autor, pode-se perceber, sem dificuldade, que, ao longo de sua carreira, Kristeller apresentou sua tese sobre o humanismo quase sempre acompanhada de referências à influência do movimento: são frequentes as afirmações no sentido de que o humanismo se preocupava com a retomada de uma aprendizagem clássica, o que envolvia buscar fontes, citações e ideias nos clássicos. No ensaio "Humanist Learning in the Italian Renaissance" (1960), Mazzoco também sustenta que o humanismo foi um momento importante tanto na interpretação quanto na transmissão da herança da Antiguidade.[27]

---

[25] Paul Oskar Kristeller, "Humanism and Scholasticism in the Italian Renaissance". In: *Renaissance Thought: The Classic, Scholastic, and Humanist Strains*. Nova York, Harper Torchbooks, 1961, p. 102.

[26] Paul Oskar Kristeller, "The Humanistic Movement". In: *Renaissance Thought: The Classic, Scholastic, and Humanist Strains*. Nova York, Harper Torchbooks, 1961.

[27] Angelo Mazzoco (org.), *Interpretations of Renaissance Humanism*. Boston, Brill, 2006, p. 14.

Ainda sobre esse ponto, ele diz:

> (...) de fato, o despertar da antiguidade ocasionado pelos humanistas afetou o conteúdo de todos os campos do saber, da literatura à música, da ciência à teologia, da jurisprudência à teoria política. Sendo este o caso, a tese de Kristeller sobre o humanismo renascentista não é tão restritiva quanto aparenta *prima facie*. De fato, coloca muita ênfase na natureza filológica da cultura humanista, mas, de igual modo, não exclui *tout à fait* suas dimensões ideológicas.[28]

Como se pôde observar, a insistência de Kristeller em caracterizar o humanismo como movimento literário pode ser interpretada, e Hankins assim o fez,[29] como uma rejeição das teses (então vigentes) de homens como Giovanni Gentile e Ernst Cassirer, os quais tinham certa tendência para associar o humanismo da Renascença com o humanismo moderno (ou neo-humanismo), ou seja, com a "filosofia do homem". Importava para Kristeller diferenciar esse humanismo contemporâneo (sabidamente uma invenção do século XIX)[30] das *studia humanitatis* do Renascimento.

É importante destacar aqui que Cassirer, de modo geral, não é considerado um grande referencial para os estudiosos da Renascença. Há um consenso entre eles de que o autor de *Indivíduo e Cosmos na Filosofia do Renascimento* não representa uma boa fonte a ser utilizada, na medida em que elaborou suas teses a partir de dados escassos, além de se valer de muitas categorias anacrônicas. Assim como apontou Hankins, "há pouco em sua análise que satisfaria os especialistas hoje".[31]

---

[28] Ibidem, p. 15 (grifos do autor).

[29] James Hankins, "Religion and Modernity of Renaissance Humanism". In: Angelo Mazzoco (org.), op. cit., p. 137.

[30] Ver Eckhard Kleber, "Renaissance Humanism: The Rhetorical Turn". In: Angelo Mazzoco (org.), op. cit., 2006.

[31] James Hankins (org.), *The Cambridge Companion to Renaissance Philosophy*. Cambridge, Cambridge University Press, 2007, p. 3.

Giovanni Gentile (assim como Benedetto Croce), apesar de pouco conhecido, foi um nome importante na formação da intelectualidade italiana do século XX. Pode-se dizer que Gentile fazia parte de uma corrente filosófica, em voga por toda a Europa, chamada imanentismo. Grosso modo, um filósofo imanentista percebe o absoluto em diversas esferas da experiência humana, em vez de localizá-lo em uma divindade transcendente, seja ela o primeiro motor aristotélico, seja ela o Deus cristão, por exemplo. O imanentismo, enquanto movimento filosófico, encontrou em pensadores como Kant e Hegel (e nos idealistas alemães, de maneira geral) seus principais representantes.

No entanto, Gentile (embora não somente ele) acreditava que havia predecessores do movimento na Renascença, e argumentar em favor dessa tese foi seu principal projeto e motivação para estudar o período. Como bem salientou Christopher Celenza, o autor "localizava o gênio central da Renascença na ideia de que os pensadores renascentistas italianos foram os primeiros europeus a se voltarem da transcendência para a imanência, mesmo que eles não tivessem consciência plena da ruptura revolucionária que estavam refletindo".[32]

Uma teoria como a de Gentile é, em sua própria estrutura, fadada à superação. Nesse gênero de teoria, o que se procura, muitas vezes – valendo-se do conceito originalmente formulado por Richard Rorty –, são *conversational partners*.[33] Nesse sentido, James Hankins, ao comentar esse "hábito" de alguns pesquisadores da Renascença, afirma:

> (...) eles exploram os nomes célebres do passado para ver qual luz podem lançar nos problemas de seu próprio campo. Eles podem esperar elaborar suas taxonomias a partir das posições disponíveis, ou refinar as posições existentes, mas fundamentalmente estão

---

[32] Christopher S. Celenza, op. cit., p. 19.
[33] Literalmente, "parceiros de conversação".

procurando por pensadores cuja *forma mentis* é similar às suas próprias.[34]

Foi em razão de exemplos como os citados que a tese de Kristeller adquiriu tamanha aceitação entre os estudiosos do Renascimento. Entretanto, reforça-se aqui que esse autor genuinamente reconheceu a influência do que chamou humanismo em outras esferas que não a literária, como anteriormente já observamos. Nesse ponto, podemos comentar a relação entre o humanismo e a filosofia da Renascença.

Para localizar cronologicamente, foi somente após a primeira metade do século XV que o aprendizado humanista passou a se expandir para outras áreas que não as da *studia humanitatis*, passando a incluir a filosofia. Isso ocorreu em virtude de a maioria dos estudiosos da época terem recebido uma formação clássica humanista durante o período escolar que hoje denominamos ensino médio.[35] Somou-se a esse fato a maior disponibilidade de obras filosóficas clássicas (de Platão, Proclo e Plotino, por exemplo), outrora restritas a um ou outro monastério. Assim, o movimento humanista contribuiu para a formação do pensamento filosófico do Renascimento, porque sua preocupação literária – e retórica – em estudar textos gregos e latinos clássicos viabilizou obras importantes na história da filosofia (tanto traduzidas quanto nos idiomas originais).

Contudo, note-se que a influência humanista foi indireta, e não se deve confundi-la com uma "influência de conteúdo". Explicamos: trata-se de uma influência indireta, em virtude de o humanismo ter não somente viabilizado os textos sobre os quais a filosofia da época se fundamentaria como também incentivado a prática de estudá-los na língua original, o que permitiu ao humanismo ser o mais fiel possível ao pensamento de um filósofo precedente. Já por "influência de conteúdo" queremos dizer que

---

[34] James Hankins, "The Significance of Renaissance Philosophy". In: *The Cambridge Companion to Renaissance Philosophy*. Cambridge, Cambridge University Press, 2007, p. 339.

[35] Paul Oskar Kristeller, "The Humanistic Movement". In: *Renaissance Thought and its Sources*. Nova York, Columbia University Press, 1979, p. 29-30.

o humanismo não foi, necessariamente, responsável pelas questões e temáticas desenvolvidas pela filosofia renascentista. Mais de uma vez reforçamos que humanismo não implicava filosoficamente, no Renascimento, fazer uma "filosofia do homem". Também não se pode afirmar que as filosofias da Renascença trazem como uma de suas características a exaltação da "dignidade humana". Kristeller nos diz que pensa ser, "de alguma forma ingênuo, assumir que uma ideia tal como essa da dignidade do homem deva dominar completamente o pensamento de um dado período".[36] E, de fato, essa ideia não dominou o pensamento renascentista quando o tomamos por inteiro.

Houve, ainda assim, pensadores como Pico della Mirandola, que exaltou intensamente uma suposta dignidade inerente ao homem. Entretanto, o Renascimento também teve Lutero, Calvino e Montaigne, pensadores que afirmaram justamente o oposto: que o homem é fraco e depravado e ocupa um pequeno lugar no universo. Ou seja, "a glorificação do homem não era aprovada por todos os pensadores renascentistas, mas apenas por alguns deles. Essa glorificação do homem não era, de forma alguma, uma descoberta inédita da Renascença (...)",[37] visto que a concepção de homem enquanto um microcosmo já era bastante popular no pensamento da Antiguidade.

Desde os estudos de Kristeller até os dias de hoje, é prática comum fazer a distinção entre humanista e filósofo (distinção que o próprio autor costumava fazer). Em nosso livro, adotaremos essa distinção por conveniência metodológica, já que o uso indiscriminado dessas categorias poderia causar equívocos, como muitas vezes tem causado em obras nas quais tal diferenciação não está explícita. Partindo da concepção de humanismo que é predominante,[38] o humanista é um estudioso dos clássicos, não institucionalizado (na medida em que pode ser tanto um tutor que ensina as *studia humanitatis* quanto um estudante

---

[36] Paul Oskar Kristeller, "The Dignity of Man". In: *Renaissance Concepts of Man and Other Essays*. Nova York, Harper & Row Publishers, 1972, p. 20-21.

[37] Ibidem, p. 4-5.

[38] Leia-se: de Paul Oskar Kristeller (século XX) até os dias de hoje.

dessas disciplinas), e que possui preocupações de ordem literária. O filósofo, por sua vez, também é um estudioso dos clássicos (daí a confusão), mas que, pelo menos em algum momento, esteve dentro de uma instituição de ensino (preferencialmente uma universidade) e faz a leitura dos clássicos motivado por questões principalmente metafísicas (embora não somente).[39]

3.1. Outras Referências em Humanismo: Hans Baron e Eugenio Garin

O historiador alemão Hans Baron (1900-1988) também se estabeleceu como uma referência em estudos do Renascimento. Sua obra *The Crisis of the Early Italian Renaissance*[40] foi de grande importância para a área, em virtude de ter lançado a tese do humanismo como um movimento intelectual de impacto político.[41]

Para Baron, por volta do ano 1400, uma série de eventos ocorridos em Florença teria provocado uma mudança abrupta do Medievo para a Renascença. De acordo com o historiador, houve um evento em particular cuja função foi catalisadora: o conflito da cidade florentina com o duque de Milão, Giangaleazzo

---

[39] Christopher S. Celenza, op. cit., 2004.

[40] Nova Jersey, Princeton University Press, 1966.

[41] Em nosso livro, daremos pouca ênfase às teses de Hans Baron. Reconhecemos sua importância e validade para o debate, no entanto, por se tratar de um historiador com preocupações intelectuais bastante precisas – e limitadas à história do pensamento político –, optamos por fazer apenas uma breve exposição de seu pensamento. Tal opção justifica-se, de algum modo, pelo fato de termos de nos restringir ao nosso objeto. Uma vez que esta obra inclina-se sobre o Renascimento e sua filosofia religiosa, não aprofundaremos a discussão sobre a obra de Baron. A quem possa interessar o tema do Renascimento e sua ligação com o republicanismo na visão desse autor, remetemos aos seguintes trabalhos: Hans Baron, *The Crisis of the Early Italian Renaissance*. Nova Jersey, Princeton University Press, 1966; Alice Brown, "Hans Baron's Renaissance". In: *Historical Journal*, n. 33, 1990, p. 441-48; Wallace K. Ferguson, "The Interpretation of Italian Humanism – The Contribution of Hans Baron". In: *Journal of the History of Ideas*, n. 19, 1958, p. 14-25; Riccardo Fubini, "Renaissance Historian: The Career of Hans Baron". In: *Journal of Modern History*, n. 64, 1992, p. 541-74; James Hankins, "The 'Baron Thesis' after Forty Years and Some Recent Studies of Leonardo Bruni". In: *Journal of the History of Ideas*, n. 56/2, 1995, p. 309-30; James Hankins, *Renaissance Civic Humanism: Reappraisals and Reflections*. Cambridge, Cambridge University Press, 2000.

Visconti, entre 1401 e 1402. Florença viu-se, então, em perigo e sob violência constante, em razão das guerras promovidas pelo duque, fato que levou os humanistas a repensarem seus papéis como intelectuais e cidadãos. Foi em consequência desse novo posicionamento dos humanistas florentinos que surgiu o que o autor denominou de "humanismo cívico", o qual se caracterizava pelo seu patriotismo, espírito de deveres comunitários e, principalmente, por uma forte adesão aos princípios republicanos. Em resumo, para Baron, o "humanismo cívico" representou uma ruptura clara com a cultura medieval.[42]

Muito embora essa obra de Baron tenha sido recebida com entusiasmo quando de sua publicação, sendo aclamada por sua originalidade e grande contribuição aos estudos da cultura renascentista, atualmente vem sendo alvo de inúmeras críticas. Um dos alvos das controvérsias é o fato de que as ideias atribuídas por Baron ao "humanismo cívico" poderiam ser identificadas em comunidades medievais na região da Toscana e na cultura medieval italiana como um todo. Além disso, há a crítica mais conhecida à premissa básica de que o humanismo ocorreu repentinamente em 1400, como resultado do estado de ameaça e violência em que Florença se encontrava.[43]

Os trabalhos de pesquisa do filósofo e historiador italiano Eugenio Garin (1909-2004) também se estabeleceram como uma referência importante em estudos do Renascimento. Não raro, Garin é visto pelos intelectuais da área como o opositor de Kristeller, principalmente no que tange às concepções de humanismo. Em poucas palavras, poderíamos afirmar que a principal divergência entre os dois teria sido em relação à natureza do humanismo, que foi *apenas* um movimento literário para Kristeller, enquanto para Garin foi literário e *também* filosófico.

James Hankins expôs com clareza a razão para Garin atribuir um conteúdo filosófico ao movimento humanista. Em *Humanism and Platonism in the Italian Renaissance*, o

---

[42] Hans Baron, *The Crisis of the Early Italian Renaissance*. Nova Jersey, Princeton University Press, 1966.

[43] Angelo Mazzoco (org.), op. cit., p. 10.

historiador afirma que, em se tratando de Garin, deve-se, antes de tudo, ter em mente que a tradição italiana, desde o século XIX, sempre considerou o humanismo como uma filosofia. Para os estudantes de filosofia e filósofos italianos, o humanismo é um período filosófico que segue a escolástica e antecede a filosofia moderna. Em suma, é um intervalo de duzentos anos entre as duas últimas, que vai desde Petrarca até Giordano Bruno. Evidentemente, esse fato reflete (ou refletiu desde seu estabelecimento, no final do século XIX, com a unificação da Itália) um crescente nacionalismo, segundo afirma Hankins. Ele ainda aponta que tal divisão da história da filosofia pode parecer estranha ao estudante anglo-saxão (e acrescentaríamos também ao estudante brasileiro), uma vez que, em seu aprendizado, a filosofia do Renascimento não consta como um período filosófico. Há basicamente um salto da filosofia medieval para a filosofia moderna ou, em outras palavras, passa-se diretamente dos escolásticos para Descartes.[44]

Garin, assim como Kristeller, também foi influenciado por Benedetto Croce e Giovanni Gentile, além dos filósofos anti-idealistas Ludovico Limentani e Francesco de Sarlo. Ele expunha sua visão de humanismo como sendo muito distante da de Kristeller: afirmava que o humanismo não poderia ser visto como um movimento retórico, nem a Renascença poderia ser caracterizada, em um registro especulativo, como uma continuidade da Idade Média.[45]

De acordo com Garin, não se pode diferenciar humanista e filósofo, tal como Kristeller fazia. Entre um filósofo humanista (que para Kristeller era *apenas* humanista) e um filósofo escolástico (considerado o verdadeiro filósofo por Kristeller) não havia senão uma diferença de "tipo", e ambos deveriam ser considerados igualmente filósofos, sendo o escolástico um filósofo metafísico e o humanista, não.[46]

---

[44] James Hankins, *Humanism and Platonism in the Italian Renaissance*. Vol. 1. Roma, Edizione di Storia e Litteratura, 2003, p. 576.

[45] Christopher S. Celenza, op. cit., 2004, p. 40.

[46] Amos Eldheit, "Humanism and Theology in Renaissance Florence: Four

Ao comparar esses dois pensadores, que são, amiúde, considerados as maiores autoridades em Renascimento, ficou célebre a análise de Christopher Celenza, partindo das categorias de *diacronia* e *sincronia*:

> Em seu nível mais básico, a diferença de ponto de vista entre Eugenio Garin e Paul Oskar Kristeller é a diferença entre diacronia e sincronia, entre historicismo filosófico e idealismo filosófico. A primeira tradição enfatiza o dinamismo e a mudança na explicação histórica; a segunda procura pela imutabilidade, por maneiras universalmente verdadeiras de explicação. A primeira não pode ser, por definição, absoluta e abranger tudo em seu poder de explicação, porque deve buscar descrever processo e dinamismo na história, no mundo, explicar como o ponto A chegou ao ponto B e, para fazer isso, deve conscientemente fazer escolhas acerca do que omitir. A segunda tradição esforça-se, ao contrário, para encontrar uma maneira de explicar uma época, uma tradição literária ou um movimento intelectual de forma universal; tirar uma fotografia cultural que tenta abranger cada esconderijo de um movimento, fazer declarações que não possam, na medida do possível, ser contraditas por exemplos específicos. A primeira é antimetafísica e tenta localizar tendências dentro da inevitável pluralidade da história; a segunda é principalmente metafísica e procura por ideias absolutas, por unidade em oposição à pluralidade.[47]

Assim, para Celenza, uma aproximação diacrônica busca, em uma determinada época, o que pode ser considerado importante para o futuro. Quando o objeto de estudo é o Renascimento, o intelectual que o estuda diacronicamente procurará enfatizar os aspectos que julgar importantes para a modernidade, fazendo

---

Examples (Caroli, Savonarola, Ficino, and Pico)". In: *Verbum Analecta Neolatina*, VII/2, 2006, p. 271-90.

[47] Christopher S. Celenza, op. cit., p. 18.

perguntas como "o que há de moderno na Renascença?".[48] A esta posição Celenza identifica o trabalho de Eugenio Garin.

A aproximação sincrônica, por sua vez, procura ver todos os aspectos juntos e ao mesmo tempo, como se pudesse, na metáfora de Celenza, fotografar a cultura de uma época. Em geral, é uma aproximação que, ao invés de se relacionar com futuro, relaciona-se com o passado. No caso do Renascimento, isso significa um intelectual que não busca tanto as origens da modernidade nesse período, mas sim as continuidades com a Idade Média, assim como Kristeller.[49]

Celenza conclui sua análise destacando que "ambas as aproximações possuem forças e fraquezas: a diacrônica tende a soar 'vaga' na medida em que, necessariamente, não leva em conta determinados pensadores".[50] Quando se passa da generalização ao estudo de casos particulares, as contradições aparecem e fazem que a definição geral pareça não ter sentido. A sincrônica, por vezes, parece ignorar o dinamismo do processo histórico, tornando-se excessivamente rígida.[51] Dessa maneira, ao estudar o Renascimento, deve-se levar em conta as aproximações de ambos os autores, já que, "sem a visão sincrônica de Kristeller, pode-se ganhar uma visão superficial de um período multifacetado e complexo, bem como, sem a diacrônica de Garin, pode-se perder a floresta pelas árvores".[52]

4. A Filosofia da Renascença

Cumpre, a partir deste ponto, determinar algumas noções do que poderíamos definir como filosofia do Renascimento. A princípio, podemos fazer uma divisão em dois grupos

---

[48] Ibidem, p. 28-29.
[49] Ibidem, p. 29.
[50] A quem possa interessar um aprofundamento dessa análise, remetemos à leitura integral do texto de Celenza.
[51] Christopher S. Celenza, op. cit., p. 29-30.
[52] Ibidem, p. 57.

distintos: o primeiro, de filosofias herdeiras do platonismo, como a de Nicolau de Cusa e Marsílio Ficino; o segundo, de filosofias influenciadas pela leitura de Aristóteles, que é o caso de Pietro Pomponazzi, por exemplo.

Fazemos essa divisão de duas vertentes filosóficas na Renascença com o intuito de não reforçar a ideia equivocada de que essa filosofia renascentista teria sido essencialmente platônica, enquanto a medieval teria sido aristotélica. Na realidade, não houve um desaparecimento do aristotelismo na Renascença, já que essa tradição manteve-se em paralelo à retomada de Platão, como bem defendia Kristeller (entre outros).[53]

4.1. As Escolas Aristotélicas da Renascença

Há, pelo menos, uma escola aristotélica que é proveniente da Idade Média, para citar apenas a mais conhecida e que permaneceu forte também na Renascença: a dos chamados "averroístas". Evidente que havia outras, como a "alexandrista" (assim nomeada por seguir os comentários do grego Alexandre de Afrodísia);[54] contudo, daremos enfoque apenas

---

[53] A respeito dessa questão há um consenso na área de estudos do Renascimento. James Hankins também é um exemplo de autor que afirma essa ideia. Na abertura que faz de *The Cambridge Companion to Renaissance Philosophy*, ele chega a dizer que a Renascença não implicou um desaparecimento da filosofia escolástica aristotélica, que nas universidades de Pádua e Bologna havia desfrutado de "uma segunda era de ouro" (James Hankins, op. cit., p. 4).

[54] Alexandre de Afrodísia foi professor e ocupou, entre os anos 198 e 211 (d.C.), a cátedra peripatética em Atenas. Seus comentários à obra de Aristóteles eram muito conhecidos e exerceram grande influência até o Renascimento. Muitos deles se perderam, mas ainda é possível ter acesso a alguns textos autênticos do autor, como seu comentário da *Metafísica* e sobre o tratado *Acerca da Sensação*. Alexandre visava organizar a doutrina aristotélica, além de interpretá-la no sentido de defender uma tendência estoica em Aristóteles. De acordo com Ferrater Mora, há quatro doutrinas características de Alexandre, conforme a citação a seguir: "1) sua defesa da liberdade da vontade contra o determinismo absoluto; 2) sua tese acerca da existência de conceitos gerais apenas no entendimento (o que o aproximou do conceitualismo e, de acordo com alguns autores, até do nominalismo); 3) suas tendências *naturalistas*; 4) sua divisão do *nous* em três partes – o físico ou material, o 'habitual' e o formador ou ativo, que faz passar do primeiro ao segundo. A famosa 'doutrina da unidade do entendimento', tão influente em várias tendências do pensamento medieval (especialmente na averroísta), já

à escola averroísta por ser ela a que mais notadamente se opõe ao platonismo característico do Renascimento.

Como bem destacou James Hankins, no ensaio "Humanism, Scholasticism, and Renaissance Philosophy", o termo "averroísmo", assim como "humanismo", é moderno; já o termo "averroísta", pelo contrário, era muito usado na Renascença. Para tentar definir algumas características principais do que seria um "averroísta", o autor faz um levantamento de posições associadas a essa escola de pensamento, as quais foram identificadas por diversos autores ao longo do tempo. Entre elas, destacam-se:

1. Pensadores que seguiram a leitura feita por Averróis do *De Anima*, que firma Aristóteles como o grande filósofo da visão de que há apenas um intelecto para todos os homens, e logo não há imortalidade pessoal.

2. A crença de que a eternidade do mundo é uma conclusão necessária da filosofia.

3. A crença de que a vida especulativa tem sua própria felicidade divina, a qual separa os pensadores do resto dos seres humanos.

4. A crença de que Deus, de acordo com Aristóteles e a filosofia, não conhece singulares e, consequentemente, não possui conhecimento dos homens enquanto seres individuais.

5. A crença de que a filosofia está fundamentada no raciocínio da experiência sensível e chega a conclusões diferentes das verdades da fé.[55]

O mais célebre pensador a figurar nesse grupo de pensadores de tendência aristotélica foi o paduano Pietro Pomponazzi,

---

aparece em Alexandre, embora em um sentido diverso do de Averróis (que considerava essa unidade o aspecto que oferece o entendimento à razão). Para ele, a alma individual encontra-se inteiramente no estado passivo" (Ferrater J. Mora, *Dicionário de Filosofia*. 2. ed. Vol. I. São Paulo, Loyola, 2004, p. 76-77).

[55] James Hankins (org.), "Humanism, Scholasticism, and Renaissance Philosophy". In: *The Cambridge Companion to Renaissance Philosophy*. Cambridge, Cambridge University Press, 2007, p. 38.

o qual, de acordo com Kristeller, rejeitava certo aspecto da visão de Averróis, embora adotasse a teoria da dupla verdade, conforme segue:

> (...) Embora Pomponazzi rejeite, em seu tratado, a posição específica de Averróis de acordo com a qual há somente um intelecto, ao mesmo tempo ativo e passivo, para todos os homens, ele o adota acerca da relação entre fé e razão, teologia e filosofia, uma visão que tem sido grosseiramente rotulada de teoria da dupla verdade e que tem sido associada, durante os séculos precedentes, principalmente, se não exclusivamente, com a tradição do averroísmo latino. Essa doutrina, que podemos, de forma mais justa, descrever como uma separação – ou dualismo – entre fé e razão, tem sido muito discutida pelos historiadores modernos e recebido as mais variadas interpretações (...). Entre os historiadores que adotaram essa visão estão aqueles que sustentam fortes convicções seculares e anticlericais, se não de natureza abertamente ateísta, e que louvaram Pomponazzi e os averroístas como defensores do pensamento livre moderno, em um período, do contrário, oprimido pelo conformismo religioso; ao passo que outros, que favoreceram a visão medieval católica do mundo, concordaram na suposição de que a teoria da dupla verdade era hipócrita, mas invertia o juízo de valor, e condenava tanto a hipocrisia quanto a descrença que estava em sua base (...).[56]

A questão da dupla verdade define-se, resumidamente, da seguinte forma: quando há dois corpos de doutrina que discutem um mesmo objeto e as afirmações dessas doutrinas são conflitantes, não obstante se sustente que ambas as afirmações são verdadeiras, o resultado é uma "doutrina da dupla verdade". Em geral, um dos corpos de doutrina é dogmático e elaborado teologicamente, enquanto o outro é filosófico e elaborado racionalmente. Amiúde, associou-se esse tipo de doutrina a filósofos

---

[56] Paul Oskar Kristeller, "The Unity of Truth". In: *Renaissance Thought and its Sources*. Nova York, Columbia University Press, 1979, p. 47.

da Idade Média e do Renascimento que estavam ligados ao averroísmo, como Siger de Brabante, João de Jandúm e o citado Pietro Pomponazzi. De acordo com os filósofos Giovanni Reale e Dario Antiseri, "tal teoria, em seu núcleo fundo, pode ser essencialmente reduzida a este princípio: sobre a base da razão e da doutrina aristotélica, uma coisa pode se tornar mais provável, mesmo que sobre a base da fé seja aceito o oposto".[57]

Se for válido ou não utilizar a teoria da dupla verdade quando se discute a filosofia do Renascimento, essa é uma questão alvo de muitas controvérsias. No entanto, concordamos com Kristeller quando ressalta que, muito embora essa seja uma teoria insatisfatória, ela não deixa de oferecer uma possibilidade ou via de discussão para lidar com questões difíceis em que há uma "discrepância insolúvel entre filosofia e teologia, entre fé e razão".[58]

Pomponazzi sustentava, como muitos outros influenciados pelo averroísmo e pelo alexandrismo (ou "orientação alexandrina", como também ficou conhecida essa vertente), uma visão materialista da alma humana e não acreditava ser possível provar sua imortalidade no campo racional. Se por um lado ele concordava com as tradições medievais e neoplatônicas, que postulavam que a alma ocupa um lugar intermediário no cosmos, por outro divergia acerca de seu propósito. Em outras palavras, enquanto os neoplatônicos (e muitos pensadores medievais) julgavam que o principal objetivo da alma era a contemplação e que esse era um objetivo que só poderia ser alcançado plenamente na vida futura, Pomponazzi pensava que o objetivo principal da alma era alcançar uma virtude moral ainda nesta vida.

De acordo com o filósofo paduano, a virtude é a recompensa da alma, enquanto o vício é seu próprio castigo, e fazer o bem sem o estímulo de recompensa na vida futura é melhor do que o fazer com essa motivação.[59]

---

[57] Giovanni Reale e Dario Antiseri, *História da Filosofia*. Vol. III. São Paulo, Paulus, 2004, p. 56-57.

[58] Ibidem, p. 48.

[59] Paul Oskar Kristeller, *Renaissance Thought and its Sources*. Nova York, Columbia University Press, 1979, p. 18-19.

É em razão da força que essa ideia vinha adquirindo na Renascença que filósofos como Marsílio Ficino se empenharam em restabelecer a autoridade filosófica (e também teológica, em alguma medida) de Platão. Levada a cabo, a concepção de Pomponazzi e de seus pares contribuía para a separação radical entre filosofia e teologia. Em um plano mais amplo, as consequências teológicas e morais implicadas nessas teorias eram devastadoras: se alma não era imortal, e não haveria recompensas e castigos na vida futura, como sustentar qualquer ética? O que fazer com o problema da salvação individual intimamente ligado à concepção de alma individual imortal?

4.2. O Platonismo Renascentista

Tendo em vista o combate contra a corrente filosófica averroísta, o platonismo (e o neoplatonismo) ganha força no Renascimento. Como anteriormente citado, o maior expoente dessa linha filosófica foi o pensador Marsílio Ficino,[60] que, além de traduzir toda a obra de Platão, também traduziu grande parte da tradição neoplatônica, tornando esses escritos acessíveis. Foi também o responsável pela fundação da Academia Platônica de Florença, graças ao financiamento da família Médici.

O interesse em Platão enquanto pensador, que supriria o desejo dos filósofos do Renascimento de conciliar filosofia e teologia, provinha, em parte, da Antiguidade latina (pode-se observar, sem dificuldade, a influência da obra de Santo Agostinho em Nicolau de Cusa ou Marsílio Ficino). Mas foi principalmente para Bizâncio que esses pensadores se voltaram a fim de reavivar a filosofia platônica, segundo Kristeller.[61]

---

[60] Não ignoramos o fato de que houve outros, nesse período, que também contribuíram para que o platonismo ganhasse força. Tampouco queremos atribuir algum pioneirismo a Ficino. Sabemos que, antes dele, outros filósofos leram e foram influenciados por escritos platônicos e neoplatônicos, como, por exemplo, Nicolau de Cusa.

[61] Paul Oskar Kristeller, "Byzantine and Western Platonism in the 15th Century". In: *Renaissance Thought and its Sources*. Nova York, Columbia University Press, 1979, p. 92.

De acordo com o filósofo, a retomada de Platão ocorreu em virtude da possibilidade, trazida pelos bizantinos, de se ter acesso à totalidade de textos platônicos disponíveis. Pontualmente, um evento histórico viabilizou essa empreitada: o concílio ocorrido em Ferrara e Florença nos anos de 1438 e 1439. A esse acontecimento compareceu o platonista bizantino Gemistos Plethon (1355-1458), que proferiu palestras e cursos temporários que impactaram sobremaneira os intelectuais e interessados que frequentaram esse concílio. Entre eles estava Cosme de Médici, que, anos após o encerramento dos cursos, patrocinou a fundação de um centro permanente para estudos platônicos – a já citada Academia Platônica de Florença – e financiou a aquisição dos textos integrais gregos, assim como suas traduções latinas feitas por Marsílio Ficino.[62]

Fazemos aqui a ressalva de que, quando dizemos que houve uma "retomada de Platão no Ocidente", não queremos dizer com isso que o platonismo enfrentou um hiato de milhares de anos entre a Antiguidade tardia e o final da Idade Média. Como já foi dito anteriormente, em nenhum momento houve apenas aristotelismo ou apenas platonismo; o que ocorreu foi a predominância de um sobre o outro em dado momento histórico. No Ocidente,[63] Boécio e Santo Agostinho foram leitores de Platão e, portanto, responsáveis pela transmissão de algumas de suas ideias, dando continuidade

---

[62] Ibidem, p. 93.

[63] Poder-se-ia questionar o percurso de sobrevivência do platonismo no Oriente, uma vez que se atribui aos bizantinos o contato dos ocidentais com as obras de Platão. De acordo com Kristeller, apesar da dificuldade, é possível traçar uma linha de acontecimentos resumindo os fatos: quando do fechamento da escola neoplatônica de Atenas por Justiniano, em 529, Simplicus e alguns de seus colegas foram para a Pérsia. Depois de algum tempo, ele retornou à Grécia e produziu muitos escritos sobre platonismo. Os estudiosos cristãos do Leste, de maneira geral, bebiam das fontes platônicas, como se pode notar nas obras de Clemente, Orígenes, Gregório de Nissa e Pseudo-Dionísio (ou Dionísio Areopagita). Sabe-se também que, desde o século IX, os textos de Platão eram copiados e estudados nos centros culturais do Oriente e que, no século XI, surgiu a obra de outro grande filosofo bizantino, Miguel Psellos (1018-1078), que muito influenciou platônicos no Oriente e no Ocidente (Paul Oskar Kristeller, op. cit., p. 93).

à tradição platônica.⁶⁴ Durante a Idade Média, essa tradição permaneceu, conforme afirmou Étienne Gilson, passando por João Escoto Erígena (810-877), que redigiu escritos de Pseudo-Dionísio Areopagita e incorporou diversos elementos neoplatônicos em sua filosofia, além da chamada Escola de Chartres que, no século XII, se estabeleceu como um grande centro cultural de estudo dos clássicos, especialmente de Platão.⁶⁵

Contudo, mesmo tendo em vista essa continuidade, o platonismo renascentista difere do platonismo medieval, tanto pelo fato de que o primeiro contou com o acesso à obra completa de Platão, quanto por ter sido influenciado por outras correntes teológicas e filosóficas que não foram conhecidas ou incorporadas ao platonismo medieval.

Entre essas correntes, podemos apontar a influência da própria escolástica. Na Renascença, dificilmente um pensador de orientação platônica se oporia radicalmente a Aristóteles; inclusive, muitos acreditavam ser necessário estudar Aristóteles antes de passar às verdades platônicas, como ressalta Celenza em seu ensaio "The Revival of Platonic Philosophy".⁶⁶ Não raro se tentou, entre os renascentistas, realizar uma síntese entre Platão e Aristóteles, tal como aparece na obra dos antigos Proclo e Plotino, daí o platonismo renascentista ter inclinações fortemente neoplatônicas.

Marsílio Ficino, nosso objeto neste livro, foi o principal platônico de sua época. Sua obra foi influenciada pela leitura de antigos, como Santo Agostinho, Plotino (o qual ele também traduziu integralmente), Proclo, Hermes Trimegisto, Orfeu, Zoroastro e Pseudo-Dionísio, dentre outros, além da grande

---

⁶⁴ Paul Oskar Kristeller, "Renaissance Philosophy and Medieval Tradition". In: *Renaissance Thought and its Sources*. Nova York, Columbia University Press, 1979, p. 149.
⁶⁵ Étienne Gilson, *A Filosofia na Idade Média*. 2. ed. São Paulo, Martins Fontes, 2007. Para maior aprofundamento dessa questão, remetemos o leitor aos capítulos III e V.
⁶⁶ Christopher S. Celenza, "The Revival of Platonic Philosophy". In: James Hankins (org.), *The Cambridge Companion to Renaissance Philosophy*. Cambridge, Cambridge University Press, 2007, p. 81.

influência exercida pelas obras dos bizantinos Gemisthos Plethon e o Cardeal Bessarion.[67]

Nascido em Constantinopla (embora haja quem afirme que seu local de nascimento foi Mistra), Georgios Gemisthos Plethon (1389-1464) reflete, em sua filosofia, tanto o platonismo quanto o neoplatonismo, além das doutrinas neopitagóricas e aristotélicas. Resumidamente, seu pensamento pode ser definido como um "emanatismo neoplatonizante ao qual devia se subordinar, pelo menos intelectualmente, o cristianismo", como bem destacou Ferrater Mora.[68] Também é importante o fato de que esse filósofo pensava ser possível uma síntese entre Platão e cristianismo, na medida em que a doutrina filosófica platônica e a religião cristã estavam em concordância (em sua concepção), daí Plethon ter influenciado o pensamento de Ficino. Já Cardeal Bessarion (1395 ou 1403-1472), outra influência bizantina na formação filosófica de Ficino, tendia ao esforço tipicamente neoplatônico de buscar uma síntese entre Platão e Aristóteles.

Esse intenso contato e convívio com pensadores bizantinos foi determinante para que se fundamentasse um platonismo renascentista peculiar. A ideia herdada dos bizantinos, que permeava a formação desse platonismo ou neoplatonismo[69] essencialmente renascentista, era a de uma *pia philosophia*.

Essa *pia philosophia*, que aparece com clareza nos escritos de Ficino, sustentava uma nova teologia ou metafísica[70] que

---

[67] Entre os bizantinos, tanto as obras de Platão quanto as obras dos neoplatônicos sempre estiveram disponíveis, e amiúde se estudava Platão e Aristóteles juntos. A prevalência de Platão no Leste ocorreu em virtude não só de haver ali antecedentes neoplatônicos mas, fundamentalmente, devido à tendência corrente de harmonizar filosofia e cristianismo, empreitada que julgavam mais bem realizada quando a filosofia em questão era platônica. Com objetivo semelhante, não é de surpreender que Ficino tenha sido influenciado pelo trabalho desses autores (Paul Oskar Kristeller, "Renaissance Platonism". In: *Renaissance Thought and its Sources*. Nova York, Columbia University Press, 1979, p. 53).

[68] Ferrater J. Mora, *Dicionário de Filosofia*. 2. ed. Vol. III. São Paulo, Loyola, 2004, p. 2296-97.

[69] No caso da Renascença, os dois termos são intercambiáveis (Ferrater J. Mora, op. cit., p. 2291).

[70] Aqui os termos também são intercambiáveis.

se opunha veementemente ao secularismo averroísta. Dessa forma, acreditava-se que a verdade cristã era revelada na filosofia em um processo que vinha desde a Antiguidade – nos textos de Hermes Trimegisto, Orfeu, Zoroastro e Platão – até atingir sua plenitude no dogma cristão,[71] em uma espécie de pensamento em cadeia com uma mesma origem comum – o *logos* divino.

Segundo os filósofos Giovanni Reale e Dario Antiseri, essa valorização particular de textos teológicos antigos, que caracterizou o platonismo na Renascença, só obteve tamanho sucesso intelectual, na realidade, devido a erros e falsificações não identificadas naquele momento histórico. Hermes Trimegisto, como pesquisas recentes apontaram, nunca existiu propriamente e não passa de uma figura mítica. A história de seu surgimento remonta ao Egito antigo, em que o deus Thoth (a quem atribuíam a invenção do alfabeto, da escrita, e consideravam como profeta e intérprete da sabedoria divina) ganhou o nome de Hermes Trimegisto quando foi conhecido pelos gregos – "Hermes" em virtude da semelhança que julgavam haver entre Thoth e seu próprio deus, o intérprete e mensageiro dos demais deuses gregos, e "Trimegisto" por sua qualidade de "três vezes grande".[72]

A confusão que gerou essa ideia de haver existido um teólogo-filósofo assim chamado ocorreu quando, nos séculos II e III d.C., alguns teólogos-filósofos pagãos escreveram uma série de textos e assinaram-nos com o nome dessa divindade grega. Sua intenção era disponibilizar escritos cujo teor tivesse sido revelado divinamente, a fim de competir com os escritos cristãos. Na Renascença, atribuiu-se uma datação errada para esse conjunto de textos, e o impacto disso foi o reforço da hipótese da *pia philosophia*. Erroneamente se pensou que o denominado *Corpus Hermeticum* fosse cronologicamente anterior a Platão e que muitos elementos ali presentes fossem semelhantes às ideias platônicas. Concluíram, então, que a semelhança se

---

[71] Quentin Skinner, Charles B. Schmitt e Eckhard Kessler, *The Cambridge History of Renaissance Philosophy*. Cambridge, Cambridge University Press, 2004, p. 68.
[72] Giovanni Reale e Dario Antiseri, op. cit., vol. III, p. 15.

dava porque Platão havia se inspirado e utilizado tais escritos como fonte. Hoje se sabe que, na realidade, a ordem cronológica correta é a inversa: que Platão antecedeu esses textos e que os elementos filosóficos contidos neles, que evocam certas características platônicas, assim o fazem porque, *de fato*, são platônicas. Logo, o processo aconteceu de forma contrária: Platão foi fonte e influência para os escritos herméticos.[73]

A mesma lógica aplica-se a Zoroastro e a Orfeu. Os textos lidos pelos renascentistas e atribuídos a esses autores foram falsificações posteriores. Os *Oráculos Caldeus* (textos que fundamentaram filosófica e teologicamente a magia na Renascença), que diziam ser da autoria de Zoroastro, não foram escritos por ele e nada tinham que ver com o reformador iraniano. E a redação dos *Hinos Órficos*, por seu turno, foi igualmente posterior ao verdadeiro poeta místico antigo.[74]

Para além dessa evidência histórica, desconhecida na época, fica patente que o platonismo da Renascença teve um desenvolvimento muito particular e foi um movimento intelectual que, juntamente ao humanismo, definiu a cultura e o pensamento da época, sendo Marsílio Ficino sua figura central.

Ficino ficou conhecido justamente por tentar efetuar a reconciliação entre platonismo e cristianismo. O autor da *Teologia Platônica* alimentava esperanças de que tal reconciliação provocaria um despertar espiritual; por isso, temos sempre de levar em conta que, além de médico e filósofo, ele era sacerdote e via sua empreitada filosófica como uma *missão*. Afligia Ficino o fato de que, à sua época, a fé começara a experimentar as consequências da dissociação entre piedade (*caritas*) e filosofia. Ele não aprovava a autonomia que a filosofia vinha adquirindo em relação à religião nas universidades, e, para combater essa tendência, pensava ser necessário não um retorno ao fideísmo, mas, antes, o estabelecimento de Platão como a principal base filosófica para a crença cristã.

---

[73] Ibidem, p. 15-16.
[74] Ibidem, p. 16-17.

As características centrais de sua leitura de Platão, suas questões filosóficas fundamentais, sua teologia e outros aspectos de sua obra e legado serão abordados nos capítulos que seguem. Pelo momento, limitamo-nos a expor as linhas gerais de sua motivação e pensamento.

5. Humanismo e Religião: Paganismo versus Cristianismo

É bastante comum a associação que se faz entre Renascença e paganismo. Essa ideia originou-se tanto a partir do trabalho de alguns intelectuais (de acordo com suas próprias inclinações religiosas ou não religiosas) quanto das acusações feitas, com propósitos desmoralizantes, por contemporâneos dos humanistas e filósofos do Renascimento. Há diferentes visões acerca do assunto entre os especialistas: grande parte pensa que essa associação é preconceituosa e, além disso, uma lenda, mas há também os que discordam disso.

Jacob Burckhardt é um dos exemplos de autor que vê no Renascimento uma retomada do paganismo. O humanismo, ao emergir da cultura pagã, não pode ser senão profano. O autor chega a dizer que os filósofos e humanistas da Renascença tinham "desprezo pela Igreja e por sua doutrina".[75]

De modo geral, também nesse aspecto Burckhardt não é referência para os especialistas, uma vez que eles percebem em sua posição uma romantização exagerada do período.[76]

De acordo com Kristeller, de fato muito se falou durante a Renascença sobre deuses pagãos, o que era "justificado pelo conhecido dispositivo da alegoria e fortalecido pela crença na astrologia". Contudo, ele prossegue afirmando que não se pode

---

[75] Jacob Burckhardt, op. cit., p. 361.
[76] Paul Oskar Kristeller, "Paganism and Christianity". In: *Renaissance Thought and its Sources*. Nova York, Columbia University Press, 1979.

dizer que houve algum grupo de pensadores que tenha levado a sério a ideia de retomar cultos e religiões pagãs.[77] Ou ainda:

> (...) o verdadeiro cerne da tradição, que diz respeito ao paganismo na Renascença, é algo completamente diferente: é o constante e irresistível crescimento dos interesses intelectuais não religiosos, os quais não eram assim opostos ao conteúdo da doutrina religiosa, porque competiam com ela por atenção individual e pública. Isso não era, fundamentalmente, nada de novo, mas era, mais precisamente, uma questão de grau e de ênfase. A Idade Média foi certamente uma época religiosa, mas seria errado assumir que toda atenção do homem estava ocupada por preocupações religiosas. (...) O século XII não produziu Tomás de Aquino apenas, como algumas pessoas parecem acreditar, ou teólogos escolásticos, mas também uma vasta literatura sobre direito romano, medicina, lógica e física aristotélica, matemática e astronomia, redação e retórica, e até mesmo sobre poesia clássica latina, para não deixar de mencionar as crônicas e histórias. (...) Esses desenvolvimentos fizeram novo progresso durante o período renascentista, (...) independente do que os teólogos daquela época, ou de épocas posteriores, poderiam ter sentido a respeito. Se uma época cujas preocupações não religiosas, que vinham crescendo há séculos, alcançaram um tipo de equilíbrio com o pensamento religioso e teológico, ou até mesmo começaram a ultrapassá-lo em vitalidade e atração, deve ser chamada de pagã, então o Renascimento já havia começado a sê-lo, pelo menos em certos lugares e fases. Todavia, uma vez que as convicções religiosas do cristianismo foram conservadas ou transformadas, mas nunca realmente desafiadas, parece mais apropriado denominar a Renascença uma época fundamentalmente cristã.[78]

Por sua vez, essa ideia que o humanismo foi um movimento pagão já era corrente desde a Renascença, quando muitos

---

[77] Ibidem, p. 67.
[78] Ibidem, p. 68.

teólogos faziam esse tipo de acusação aos humanistas. Na visão de Kristeller, tal acusação não procede, assim como também não procedem as tentativas recentes de combater a acusação com a hipótese de que o humanismo foi um movimento religioso cristão. Partindo de sua tese de que o humanismo foi um movimento literário de orientação erudita, ele afirma que não se pode caracterizar esse movimento cultural como religioso, nem como antirreligioso.

No entanto, não se pode exagerar nessa afirmação. O próprio Kristeller nos diz que é possível conceder ao humanismo algum tipo de contribuição para o pensamento cristão. Essa contribuição dar-se-ia pela própria metodologia empregada pelos humanistas e transplantada para o estudo das questões teológicas. Diversos pensadores religiosos obtiveram, em algum grau, um treinamento humanista, que consistia em ler textos em sua língua original, fato que permitiu o acesso a novas fontes e materiais, que acabaram por conduzir às mudanças pelas quais passou a Cristandade com a Reforma. Explicamos: havia interesse pela literatura cristã por parte dos humanistas em geral, e esse interesse deixava de ser apenas filológico ou histórico quando provinha de homens letrados que também eram filósofos e religiosos. Nesse caso, o estudo dos clássicos (cristãos, ou seja, estritamente a Bíblia e os padres da Igreja) obviamente implicaria consequências não só no corpo doutrinário do cristianismo, como também na própria filosofia cristã.[79]

Essa temática do paganismo no Renascimento frequentemente leva a uma indagação acerca do papel da astrologia nesse período. Nesse ponto, mais uma vez, alguns mitos prevalecem. Historicamente, disciplinas como astrologia, alquimia e mágica desenvolveram-se diferentemente. De modo geral, a astrologia era a mais respeitada, pois sua origem remontava à Antiguidade e, durante a Idade Média, ela pôde se desenvolver graças à tradução de textos árabes (no século XII). Evidente que houve quem se opusesse, mas a disciplina chegou mesmo

---

[79] Paul Oskar Kristeller, "Paganism and Christianity". In: *Renaissance Thought and its Sources*. Nova York, Columbia University Press, 1979, p. 69-78.

a ser ministrada em muitas universidades, como auxiliar nos cursos de medicina e astronomia.

Na Renascença, esse processo continuou a se desenvolver, principalmente em razão da retomada dos estudos platônicos e da cosmologia elaborada pelos estudiosos a partir dessas leituras. Foi somente com a chegada da ciência moderna, nos séculos XVII e XVIII, que surgiu uma separação entre ciência e pseudociência, excluindo assim a astrologia do campo científico. Desde então, a astrologia passou a exercer um "apelo nostálgico", como diria Kristeller, o que contribuiu de maneira decisiva para a romantização exagerada do paganismo do período renascentista.[80]

Afirmar que houve um exagero no que concerne ao papel da astrologia na Renascença não implica dizer que ela não teve, de fato, alguma importância na caracterização desse momento histórico. O fato é que, durante o Renascimento, o Ocidente nem se descristianizou, nem se paganizou tanto quanto se habituou a afirmar. De acordo com o historiador Jean Delumeau, essa importância está alinhada com o próprio cristianismo, uma vez que os homens do Renascimento temiam a danação individual, além de verem a si mesmos como frágeis e pecadores. "Houve uma melancolia no Renascimento, sublinhando quão doloroso foi o nascimento do homem moderno (...)", e ele "interrogou-se, pois, com angústia, sobre o problema da liberdade individual. Não raro, acusavam os astros por sua existência dolorosa, daí o papel da astrologia nesse período".[81]

Em suma, a Renascença foi uma época de contradições e ambiguidades. Como período de transição entre Idade Média e Idade Moderna, foi ao mesmo tempo medieval *e* moderna, pagã *e* cristã, filosófica *e* literária. O importante aqui é não fazer generalizações ou caracterizações que tendem a exacerbar um ou outro aspecto desse momento peculiar.

---

[80] Paul Oskar Kristeller, "Renaissance Philosophy and Medieval Tradition". In: *Renaissance Thought and its Sources*. Nova York, Columbia University Press, 1979, p. 138-39.

[81] Jean Delumeau, op. cit., vol. I, p. 23.

2. A FILOSOFIA DE MARSÍLIO FICINO: UMA METAFÍSICA DE TRIBUTOS À TRADIÇÃO

> *O neoplatonismo é essencialmente um método para ascender a uma realidade inteligível e uma construção ou descrição dessa realidade. O erro maior que se pode cometer é o de acreditar que essa realidade tem por função essencial explicar o sensível; o neoplatonismo se trata, antes de mais nada, de passar de uma região onde o conhecimento e a felicidade são impossíveis a uma região onde são possíveis (...).[1]*
>
> Émile Bréhier

Nosso escopo neste capítulo será o de apresentar as principais ideias da filosofia de Marsílio Ficino necessárias à compreensão de seu conceito de Deus. Para cumprir essa empreitada, nosso percurso deverá se desenvolver de acordo com a seguinte trajetória: inicialmente, abordaremos alguns pontos essenciais da biografia de Ficino, que poderão servir de auxílio para que entendamos não somente as motivações do filósofo, mas também a gênese e o desenvolvimento de seu pensamento. Na sequência, apresentaremos o debate

---

[1] Émile Bréhier, *Histoire de la Philosophie*. Vol. 1. Paris, Librairie Félix Alcan, 1928, p. 449.

acerca do que veio a ser a Academia Platônica de Florença liderada por Ficino, seguido de alguns apontamentos sobre o platonismo desenvolvido pelo filósofo. Pode-se considerar o percurso até esse ponto como uma primeira parte do texto. A segunda parte se configura quando, por fim, passamos à exposição da ontologia de Marsílio Ficino, a qual se delineará por meio da apresentação dos conceitos de ser, pensamento, hierarquia e causalidade.[2]

1. Biografia: Vida Familiar e Influência Paterna

Expor, em qualquer medida que seja, a biografia de Marsílio Ficino é quase sempre uma tarefa árdua para o estudioso. A dificuldade se dá em razão da falta de credibilidade imputada à única biografia do filósofo datada de sua época: trata-se de *A Vida de Marsílio Ficino*,[3] escrita em 1506 por Giovanni Corsi.

Essa falta de credibilidade de que falamos é oriunda dos seguintes fatos: Corsi não fora discípulo de Ficino (e, ao que consta, nunca o conheceu pessoalmente) e, não raro, é pouco confiável no que diz respeito às datações e informações acerca do trabalho do filósofo. De todo modo, não se pode negar que *A Vida de Marsílio Ficino* tenha valor histórico enquanto documento de época. Além disso, não se poderia afirmar que a biografia é de todo imprecisa: as descrições de Corsi a respeito das feições e da personalidade de Ficino são adequadas, bem como o texto se configura como boa fonte sobre a infância e juventude do renascentista, das quais pouco se sabe.

---

[2] Atentamos aqui para o fato de que não pretendemos discutir profundamente tais questões e conceitos, tampouco pretendemos abarcá-los em sua totalidade. Dado o nosso objeto delimitado – o conceito de Deus em Marsílio Ficino – entendemos que, inevitavelmente, teremos de tratar essas questões e conceitos com brevidade, e tão somente os apresentar de modo que a compreensão do conceito de Deus seja facilitada.

[3] Giovanni Corsi, "The Life of Marsilio Ficino". In: Marsílio Ficino, *The Letters of Marsilio Ficino*. Vol. 3. Londres, Shepheard-Walwyn, 1994.

Assim, quando nos competir falar dos primeiros anos de vida e do temperamento de Marsílio Ficino recorreremos ao texto de Corsi. Mas resta ainda a questão de qual fonte utilizar para expor acontecimentos da idade adulta, que é a fase que, de fato, nos importa.

Um estudioso de Ficino, Marcel Raymond, sabendo dos percalços que os pesquisadores do filósofo encontram quando se trata de sua biografia, realizou um extenso trabalho de revisitação histórica. Partindo das correspondências de Ficino, Raymond reescreveu toda sua biografia, procurando precisar o máximo possível as datas e fatos que eram falhos no trabalho de Corsi. Tal biografia foi publicada pela primeira vez em 1958, pela Belles Lettres de Paris, com o título *Marsile Ficin (1433-1499)*.[4] Portanto, tanto quanto nos for plausível, utilizaremos as duas biografias, intercalando-as na medida em que forem adequadas a uma ou outra questão que se apresentar.

Marsílio Ficino nasceu em 19 de outubro de 1433 e, apesar de ser comumente conhecido como cidadão florentino, na realidade era natal de Figline, cidade localizada na região do Vale do Arno que se estende de Arezzo aos portões de Florença.[5]

É fato conhecido que sua família tinha certo prestígio. De acordo com Raymond, "A espada de prata flanqueada de duas estrelas de ouro sobre um campo azul que o jovem Marsílio traça com mãos inábeis em seus primeiros manuscritos testemunham uma nobreza cuja qual seu pai parecia muito orgulhoso".[6] O pai de Ficino, Diotifeci d'Agnolo di Giusto, era um médico-cirurgião reconhecido em Florença por atender, especialmente, famílias nobres, entre as quais se encontrava a família Médici, que desempenharia um papel fundamental na trajetória de Ficino.

Nesse caso, as dúvidas que surgem dizem respeito tanto ao sobrenome quanto à cidadania de Marsílio: se seu pai

---

[4] Marcel Raymond, *Marsile Ficin (1433-1499)*. Paris, Les Belles Lettres, 2007.
[5] Ibidem, p. 121.
[6] Ibidem, p. 122.

chamava-se Diotifeci d'Agnolo di Giusto, de onde procedera o sobrenome Ficino? E se era natural de Figline, por que ficou conhecido como pensador florentino?

Marcel Raymond explica ambos os questionamentos. Acerca do nome Ficino, Raymond esclarece que o primeiro a usá-lo foi o pai de Marsílio, uma vez que era proveniente do diminutivo de seu próprio nome: Diotifeci. As duas últimas sílabas, "fe" e "ci", deram origem ao diminutivo "Fecinus", que em seguida tornou-se "Ficino". Já quanto à cidadania florentina, o mais provável é que a família de Ficino a tenha obtido em meados dos anos 1450 por meio do favor da família Médici, da qual Ficino era próximo em virtude do ofício de seu pai. Segundo Raymond, até o ano de 1456, Marsílio assinava seus escritos como "Marsilius Feghinenses", e só a partir do ano de 1457 começou a assiná-los como "Marsilius Ficinus Florentinus".[7]

Dissemos que a família de Ficino detinha certa nobreza. De fato, sabe-se que desfrutavam de boa condição financeira, já que Diotifeci entregava seus filhos aos cuidados do que hoje chamaríamos de uma "babá", o que era incomum na época. Todavia, deve-se notar que o conforto financeiro da família não perdurou.

Muito embora o patrimônio de Diotifeci, o qual incluía terras de cultivo de vinho e azeitonas, fosse suficiente para que sustentasse toda a família com tranquilidade, Diotifeci, com o tempo, acabou se descuidando de seus bens e focando-se cada vez mais em sua arte. Esse descuido acarretou uma ingerência do patrimônio, o que, por fim, colocou a família em condições de vida mais modestas do que era esperado.[8] É importante falarmos das condições financeiras da família de Ficino, na medida em que foram um fator considerável em seu direcionamento profissional. Foi por razão dessas dificuldades financeiras que o pai de Ficino tanto insistiu para que

---

[7] Ibidem, p. 124-25.
[8] Ibidem, p. 126.

ele seguisse a carreira médica e o substituísse como médico da nobreza florentina.

Quando Ficino era ainda garoto, seu pai já havia percebido nele um gosto pelos estudos e uma inteligência notável. Decidiu, então, que não faria dele um mercador, mas sim o orientaria em direção ao estudo da ciência. O menino Marsílio, segundo consta no texto de Raymond, frequentava a biblioteca do pai desde cedo e aprendera a ler sozinho. Esse fato é provável, de acordo com o biógrafo, uma vez que até mesmo a mãe de Ficino, Alexandra, sabia ler e poderia ter ajudado seu marido na educação do filho. Nessa época, o importante Concílio de Florença acontecia ao mesmo tempo que o jovem Ficino aprendia a ler, o que acabaria por marcar sua trajetória intelectual.[9]

Giovanni Corsi, em sua biografia de Ficino, assim descreve esse evento:

> (...) com o Papa Eugênio presidindo, a heresia dos Gregos foi profundamente discutida. Juntamente com o Imperador Grego vieram muitos grandes homens, altamente distintos tanto em intelecto quanto em ensino. Entre esses homens estavam Nicholas de Euboea, bastante versado em latim e grego, e o famoso Gemistos Plethon, chamado por Marsílio de segundo Platão, e aclamado igualmente por sua eloquência e sua erudição. Quando Cosme o ouvia frequentemente discursando diante dos eruditos e ganhando sua mais alta aclamação e admiração, é dito que ele estava incandescido com um desejo extraordinário de recordar à Itália quanto antes possível a filosofia de Platão, como se lhe fosse um direito antigo.[10]

Quando do Concílio, como vimos, Cosme de Médici ficara encantado com a filosofia platônica, e é desse encontro com os eruditos bizantinos que o mecenas terá a ideia de organizar a

---

[9] Ibidem, p. 130-31.
[10] Giovanni Corsi, op. cit., p. 137.

abertura de uma Academia Platônica em Florença, ainda que na ocasião ele não soubesse quando seria possível iniciar tal empreitada, nem mesmo a quem a poderia confiar. Há diversas anedotas que vinculam esse acontecimento ao fato de Cosme ter escolhido Marsílio para ser fundador da academia. O fato é que essas anedotas são pouco verossímeis, dado que Ficino não contava mais que seis anos à época. Entretanto, não se pode deixar de salientar que Cosme exerceu, sim, um papel fundamental na vocação platônica de Ficino.

Na realidade, quando Cosme o escolheu, ele já era um jovem adulto, estudante de medicina. Como foi relatado, a escolha da carreira médica configurava uma necessidade e não um sonho profissional para Ficino. Durante o período no qual esteve em Bologna estudando, Marsílio Ficino viu despertar em si a vocação filosófica. Frequentou diversos cursos na área e leu os principais textos de autores peripatéticos, além do próprio Aristóteles. Foi durante uma visita de férias a Florença com seu pai que ele travou conhecimento com Cosme. Sobre esse encontro, Marcel Raymond escreve, comentando o relato de Giovanni Corsi:[11]

> Obrigado por seu pai, Ficino vai a Bologna; depois, ao longo de um período de férias ou de um feriado prolongado, seu pai o conduz a uma visita a Cosme, o qual, seduzido pela compilação de seus conhecimentos e de seu zelo pela ciência, compreende que este é o homem que lhe era necessário para "ilustrar" a filosofia de Platão. Enfim, em algum momento desde então, o príncipe fez chamar o mestre Diotifeci, pede-lhe que não mais contrarie os gostos de seu filho e, para acalmar suas inquietudes legítimas, promete-lhe garantir o futuro de Marsílio. Dessa conversa, a qual deveria tomar um lugar na história do platonismo, uma frase teria sido mesmo retida: "Você, Ficino, foi enviado para curar os corpos, mas seu Marsílio nos

---

[11] O relato de Corsi sobre o acontecimento que Raymond comentará encontra-se em sua obra, op. cit., p. 138.

foi enviado pelo céu para curar as almas". E o biógrafo [Corsi] começa sem transição um novo parágrafo[12] dizendo: "Sob o conselho de tal grande homem, Marsílio, cheio de esperança se volta de todo seu coração e de toda sua alma aos estudos platônicos. Ele tinha então vinte e seis anos".[13]

Em virtude dessa relação de confiança de Ficino com seu benfeitor foi possível a tradução de diversos textos gregos vinculados ao platonismo. Não muito depois desse encontro descrito, Ficino mudou-se para Florença e iniciou suas traduções.

Os primeiros diálogos platônicos traduzidos por Ficino foram *Filebo* e *Alcebíades*, os quais Cosme teve a oportunidade de ler pela primeira vez em latim. Nessa mesma época, também a pedido de Cosme, Ficino traduziu *Sobre a Sabedoria Divina e a Criação do Mundo*, de Hermes Trimegisto. Infelizmente, Cosme não viveu o suficiente para ler a trilogia da imortalidade da alma, a saber, os diálogos *Fédon*, *Banquete* e *Fédro*.[14] De acordo com Corsi, quando Ficino tinha 35 anos, todas as obras de Platão já haviam sido traduzidas para o latim.[15]

2. A Academia Platônica de Florença: Um Debate Inacabado

De início, devemos destacar aqui que tratar do tema da Academia Platônica de Florença é examinar a questão de ser sua existência real ou não. Tal questão é controversa entre os estudiosos da área; portanto, nos apoiaremos especialmente em

---

[12] Trata-se da passagem do parágrafo V para o VI (ibidem, p. 138-39).

[13] Marcel Raymond, op. cit., p. 238.

[14] Ibidem, p. 273. A quem possa interessar a questão das traduções de Ficino, recomendamos a leitura do capítulo III da obra de Raymond: "O Sonho de Cosme de Médici" (p. 235-78). Neste capítulo há o detalhamento de toda a agenda de traduções traçada por Cosme e Ficino, a qual, por motivo de limitação de espaço, não abordaremos neste livro.

[15] Corsi, op. cit., p. 139.

dois deles, que dialogam entre si e tendem a manter opiniões diferentes acerca do assunto. Trata-se de James Hankins e de Arthur Field, sendo esse último a autoridade especializada na questão. O modo como os colocaremos em debate é por meio de seus textos "The Platonic Academy of Florence", de Arthur Field,[16] e "The Myth of the Platonic Academy of Florence", de James Hankins.[17]

É válido notar que o próprio Field admite concordar com certos argumentos de Hankins;[18] no entanto, nosso escopo aqui será o de destacar suas diferenças, de forma que as questões não levantadas no diálogo entre ambos os autores não serão abordadas, justamente, porque não se configuram, segundo nossa compreensão, propriamente como questões na medida em que há acordo entre os autores.

A divergência entre Field e Hankins se dá, em um nível mais primário, sobre o uso ou não do nome *Academia Platônica*. Hankins julga-o inadequado, uma vez que, em sua visão do assunto, não houve tal academia em Florença, e o que se chamou academia é na verdade um mito. Ele acredita que a palavra *academia* era utilizada por Ficino como uma metáfora para os livros de Platão. Arthur Field discorda.

Hankins sustenta ainda que, quando a palavra *academia* é utilizada por Ficino no sentido de instituição, ele está se referindo à Universidade de Florença.[19] Ele afirma que "não há nenhuma razão convincente para qualificar a academia de Ficino [da Universidade de Florença] como uma Academia Platônica".[20] Hankins supõe essa hipótese em virtude de um documento descoberto por Jonathan Davies, em que consta

---

[16] Arthur Field, "The Platonic Academy of Florence". In: Michael B. Allen (ed.), *Marsilio Ficino: His Theology, his Philosophy, his Legacy*. Boston, Brill, 2002, p. 359-76.

[17] James Hankins, "The Myth of the Platonic Academy of Florence". In: *Renaissance Quarterly*, n. 44, 1991, p. 429-75.

[18] Arthur Field, op. cit., p. 359.

[19] James Hankins, op. cit., p. 445-49.

[20] Ibidem, p. 458.

que Ficino lecionava no Studio Florentino no ano de 1466 e era remunerado com quarenta florins.[21]

James Hankins argumenta que, dada a baixa quantia paga a Ficino por suas aulas, elas provavelmente não versavam sobre Platão, mas sim sobre algum assunto básico em lógica ou filosofia natural[22] (daí não ser possível se falar em Academia Platônica, uma vez que Platão não era o foco dessa academia). Arthur Field contra-argumenta destacando que se deve prestar atenção à data do documento: 1466. Essa data atesta que, à época das palestras no *Studio*, Ficino já se encontrava sob o mecenato da família Médici, já havia concluído mais da metade de suas traduções dos diálogos platônicos e já era razoavelmente conhecido, embora não fosse famoso. Tendo ele na ocasião 33 anos, não possuía ainda o preparo suficiente para um cargo de prestígio na universidade (que rendia salários de cem ou duzentos florins), de maneira que os quarenta florins pagos a Ficino por suas aulas estavam em acordo com o desenvolvimento de sua carreira intelectual.[23] Field adiciona mais um fato a seu argumento:

> Mesmo que não houvesse evidência alguma além do documento descoberto por Jonathan Davies, penso que gostaríamos de concluir que Ficino nos anos 1460 estava lecionando sobre Platão, ou sobre os platônicos. Mas temos uma outra evidência: o biógrafo de Ficino do século XVI, Giovanni Corsi, afirma que, no tempo de Piero de Médici, Ficino lecionava sobre o *Filebo* de Platão na Universidade de Florença.[24]

Field questiona ainda outros aspectos do argumento de Hankins:

> Um outro problema na tese de Hankins é o relatório de pagamento que nomeia Ficino como professor "em filosofia"

---

[21] Arthur Field, op. cit., p. 360.
[22] James Hankins, op. cit., p. 450.
[23] Arthur Field, op. cit., p. 360-61.
[24] Ibidem, p. 361.

(*in filosofia*). Embora lógica seja normalmente considerada parte da filosofia, os cargos do *Studio* de Florença dos séculos XIV e XV distinguiam cuidadosamente lógica de filosofia, seja na contratação, nos salários, ou outros registros. Tivesse Ficino dado aulas sobre lógica e filosofia natural, sua listagem certamente teria sido "in loica et filosofia" (ou talvez "in loica et fisica").[25]

Se Ficino não ensinava platonismo, como supõe Hankins, além de lógica e filosofia natural, o que ele ensinava? De acordo com ele, em um círculo de estudos presidido pelo próprio Ficino, o filósofo ensinava "literatura vernácula, a Bíblia, astrologia e medicina espiritual".[26] Segundo Field, esse ponto também deve ser questionado:

> Ficino evidentemente possuía uma escola desse tipo, localizada aparentemente em Florença, por muitos anos. Tanto quanto sabemos, apenas durante um ano ele foi beneficiado com salário público. Para mim é totalmente inconcebível que nessa escola em Florença Platão não fosse o foco. Onde no trabalho de Ficino depois dos anos 1460 não há platonismo? Se, como Hankins argumenta, Ficino não estava lecionando sobre Platão mas sobre "literatura vernácula", o que ele estava lecionando? Os poetas Guido Cavalcanti e Dante? Eles são claramente platônicos. E quanto à Bíblia? São Paulo é platônico e outros textos também são – ou, pelo menos, eles compartilham suposições comuns ou uma revelação em comum. Astrologia? Astrologia é platônica. "Medicina espiritual"? Essa é talvez a mais obviamente platônica de todas.[27]

Field, de igual maneira, não concorda com a ideia de que, quando Ficino utilizava a palavra *academia* em um sentido mais amplo, ele se referia aos livros de Platão. De acordo com o *scholar*, apenas algumas citações isoladas poderiam

---

[25] Ibidem, p. 363.
[26] James Hankins, op. cit., p. 458-59.
[27] Arthur Field, op. cit., p. 364.

confirmar tal hipótese, e, não obstante, um estudioso que conhecesse a trajetória de Ficino dificilmente se convenceria por elas.[28] Ele argumenta que a academia não era apenas a reunião das obras de Platão, era um círculo em que se lia e debatia as interpretações dessas obras:

> A Academia não é simplesmente os livros de Platão, mas os livros de Platão e dos platonistas como interpretados por Marsílio Ficino, e essa interpretação tinha uma influência extraordinária nos alunos e *familiares* de Ficino, uma associação informal de eruditos, unidos por seu interesse por Platão enquanto Platão estava sendo explicado por Ficino e, portanto, unidos também no amor Platônico – era essa associação informal que Ficino via como sua academia, a Academia Platônica restabelecida.[29]

Em suma, o que Arthur Field procura demonstrar em seu artigo "The Platonic Academy of Florence" é que Ficino, de fato, possuía um círculo de estudos (ou uma escola), ao que tudo indica localizado em Florença, cujo assunto principal em discussão era a respeito dos ensinamentos platônicos. E, não obstante, Ficino habitualmente se referia a esse círculo como sua academia.[30] E conclui:

> (...) o termo Academia Platônica é um termo perfeitamente apropriado para o círculo de Ficino. No que diz respeito a seus alunos, Ficino usava o termo "*academia*" livremente. Com o círculo ampliado de intelectuais associados Ficino era mais circunspecto e humildemente deixava claro que o verdadeiro mestre da Academia Platônica restabelecida era o próprio Platão, ou Platão vivendo por meio de seus livros. E descobrir o termo apropriado, a *academia*, não exigia grande habilidade. Vamos supor que você é um platonista, líder do

---

[28] Ibidem, p. 367.
[29] Ibidem, p. 368.
[30] Ibidem, p. 375-76.

platonismo em Florença, e o melhor expositor de Platão em um milênio, como Ficino considerava-se. Agora, o que você chamaria o círculo que você estava influenciando *senão* uma academia?[31]

3. O Platonismo de Marsílio Ficino

Dominic J. O'Meara, na introdução de seu *Neoplatonism and Christian Thought*,[32] afirma que o sistema intelectual que melhor serviu aos pensadores cristãos da Antiguidade foi a filosofia platônica.[33] A escolha pelo platonismo se deu, em larga medida, não só pelo fato de ser esta a corrente intelectual dominante, mas, sobretudo, porque enquanto filosofia era a que mais tinha pontos em comum ao cristianismo.[34] E complementa:

> Embora possa parecer que o aristotelismo deslocou o platonismo na Idade Média tardia como uma filosofia privilegiada no pensamento cristão, o fez enquanto uma filosofia enriquecida com *insights* fundamentalmente neoplatônicos. Indiretamente, por meio dos trabalhos de Gregório de Nissa, Ambrósio, Agostinho, Pseudo-Dionísio e outros, o neoplatonismo exerceu uma grande influência não apenas na cristandade medieval mas também em todos os cristãos que, desde então, conscientemente ou não, têm estado em dívida com esses pensadores. Desde a retomada do interesse em Plotino e sua escola no Renascimento, o acesso direto a textos neoplatônicos originais fortaleceu a presença de ideias neoplatônicas no pensamento cristão.[35]

---

[31] Ibidem, p. 376 (grifos do autor).

[32] Dominic J. O'Meara, *Neoplatonism and Christian Thought*. Nova York, State University of New York Press, 1982.

[33] Ibidem, p. ix.

[34] Ibidem, p. x.

[35] Ibidem.

Na mesma linha reflexiva, Pierre Magnard[36] indaga-se por que da escolha de Platão por Ficino. Ele o compara com os padres da igreja ao afirmar que, tal como eles, Marsílio Ficino se propõe uma tarefa apologética. Magnard sustenta essa hipótese com base no depoimento de Jerônimo Benivieni, contemporâneo de Ficino e figura assídua na Academia Platônica. De acordo com o testemunho de Benivieni, a Itália, naquele momento, experimentava a multiplicação de pecadores, e, de um modo geral, o país havia perdido sua fé em Cristo, passando a acreditar que tudo no mundo era fruto do acaso. Voltou-se, então, às práticas pagãs e às superstições. Ficino acreditava que a filosofia era um instrumento privilegiado entre os eruditos e, por esta razão mesma, deveria ser utilizada para fornecer argumentos a favor da existência de Deus e da imortalidade da alma.[37]

Não de forma surpreendente, Marsílio Ficino julga que para tal empresa o filósofo apropriado seria Platão. Ele recorre à autoridade de Santo Agostinho dizendo que, para esse último, Platão fora o pensador escolhido por ser o que possuía maior proximidade com o cristianismo. A ideia que motivara Ficino era a de que "aqueles que não se inclinassem por vontade própria à autoridade da lei divina se submeteriam ao menos aos argumentos platônicos que apoiavam solidamente a religião".[38]

Com a intenção de esclarecer um pouco mais tal questão, recorreremos ao texto de Anthony Levi, "Ficino, Augustine and the Pagans".[39] De acordo com Levi, a escolha de Ficino por Platão e Santo Agostinho se deu, principalmente, para evitar o dilema nominalista-realista medieval.[40] Explicamos:

---

[36] Pierre Magnard nasceu em 1927, formou-se em filosofia na Sorbonne, tendo como principais mestres Henri Gouhier e Ferdinand Alquié. Atualmente, ele é professor emérito na Sorbonne.

[37] Pierre Magnard (dir.), *Marsile Ficin – Les Platonismes à la Renaissance*. Paris, Vrin, 2001, p. 7.

[38] Ibidem, p. 8.

[39] Anthony Levi, "Ficino, Augustine, and the Pagans". In: Michael Allen, op. cit., p. 99-113.

[40] Ibidem, p. 100.

Marsílio Ficino pretendia realizar um trabalho apologético cristão e, para tanto, buscava um filósofo cujo pensamento se aproximasse não apenas metafisicamente do cristianismo, mas também moralmente.

No terreno da epistemologia, a Idade Média oferecia duas vertentes: o nominalismo, segundo o qual as ideias universais só poderiam existir enquanto categorias mentais, de modo que no mundo externo existiriam apenas objetos individuais; e o realismo, vertente segundo a qual uma ideia universal é constituída com uma existência individual em objetos externos e é posteriormente abstraída pelo intelecto humano no ato de conhecer. E Levi prossegue afirmando:

> Argumentou-se que a posição nominalista poderia ser mostrada como levando inevitavelmente tanto ao triteísmo quanto à tripla encarnação, mas que o realismo deixava a cognição e todas as outras funções espirituais dependentes da percepção e, portanto, de órgãos corpóreos que se corrompem após a morte. Mas o cristianismo, nisso assim como o Islã é diferente do judaísmo, dependia da sobrevivência pós-morte das funções espirituais do indivíduo. O realismo, portanto, parecia no século XIII comprometer a imortalidade da alma. Apenas alguma forma de teoria do conhecimento iluminista que não fosse dependente da percepção sensorial, tal como a desenvolvida por São Boaventura e derivada de Agostinho, parecia oferecer uma saída ao dilema nominalista-realista.[41]

Na medida em que todo o trabalho de Ficino orbitava em torno da necessidade moral de se provar racionalmente a imortalidade da alma, entende-se a razão de ele evitar tal debate escolástico e buscar a influência e autoridade de Platão e Agostinho.

Não raro se questiona se a importância que Marsílio Ficino adquiriu na história do platonismo foi em virtude de suas competências de tradutor e comentador ou em razão de seus

---
[41] Ibidem.

próprios escritos. Jörg Lauster sustenta a opinião de que, provavelmente, foram as duas coisas:

> Não é aconselhável separar esses dois aspectos do trabalho de Ficino. Ele não levou a cabo seu enorme projeto de tradução e comentário para satisfazer um interesse meramente filológico. Pelo contrário, ele dedicou-se à ideia de um platonismo cristão e para esse propósito um conhecimento dos escritos de Platão e Plotino era indispensável. Ele demonstrou com exatidão porque a teologia cristã pode e deve usar o raciocínio platônico e desenvolver uma teoria sobre a história da revelação na Antiguidade que permitiu assumir uma origem divina para a filosofia platônica e que serviu como um argumento histórico para demonstrar a afinidade do cristianismo com o platonismo. Um dos resultados mais importantes disso é o modo pelo qual Ficino tentou abolir a separação entre religião e filosofia com seu programa de *docta religio* e *pia philosophia*.[42]

Lauster segue afirmando que, para conseguir desenvolver esse programa, Ficino inevitavelmente teria de lidar com questões teológicas.[43] Não é nosso escopo desenvolver os aspectos teológicos de seu pensamento no presente capítulo; no entanto, adiantamos que tais aspectos serão discutidos no capítulo seguinte e deverão analisar a relação do seu platonismo com a criptologia, com seu conceito de redenção e com o próprio conceito de Deus. Por ora, devemos prosseguir expondo os aspectos filosóficos de seu platonismo e, para cumprir esse intento, pensamos ser crucial passarmos a uma breve apresentação de Plotino e sua influência em Ficino, interpondo os dois filósofos, assim como outros de menor influência, sempre que for possível.

Plotino (204-270 d.C.) tem seu pensamento expresso em escritos que estão formatados em seis volumes de nove

---

[42] Jörg Lauster, "Marsilio Ficino as a Christian Thinker: Theological Aspects of his Platonism". In: Michael Allen, op. cit., p. 45.
[43] Ibidem, p. 46.

tratados cada, intitulado, por isso mesmo, *Enéadas*. Para compreender seu sistema filosófico é fundamental perceber que estamos diante de uma ontologia emanacionista. Ora, trata-se, portanto, de uma ontologia hierárquica cujo topo é o Um transcendente, que está além do ser e sobre o qual é difícil (para não dizer impossível) afirmar qualquer coisa. É do Um que todas as coisas procedem por emanação. O Um transborda para o próximo nível ontológico, o *nous* ou intelecto, que contém as formas platônicas ou as ideias. O *nous*, por sua vez, transborda para o próximo nível ontológico, que é a alma, a qual também passará pelo mesmo processo e acabará por chegar ao último nível da hierarquia, a saber, a matéria.[44]

Essa ontologia emanacionista não permanecerá plenamente em Ficino por razões teológicas que veremos posteriormente;[45] no entanto, haverá sim semelhanças. Assim como em Plotino, a realidade será concebida segundo uma estrutura metafísica hierárquica, de acordo com o esquema neoplatônico em que se identifica uma sucessão de graus decrescentes de perfeição: Deus, anjo, alma, qualidade, matéria. Não à toa, a alma ocupa o terceiro lugar, intermediando os dois primeiros e os dois últimos graus, uma vez que a função da alma é justamente esta: a de intermédio das coisas sensíveis e inteligíveis. Assim, a alma constitui o nexo que liga ambas as esferas (daí dizer-se que Ficino concebe a alma como *copula mundi* tal qual Plotino).[46]

Além disso, o conceito de Um de Plotino se assemelha em algum grau ao conceito de Deus de Ficino, isto é, na medida em que assim como o Um, de igual modo, veremos que o Deus de Ficino será não só a fonte (*arché*) como também a finalidade (*telos*) de todas as coisas. Outra semelhança entre os dois conceitos é que ambos os autores consideram que apesar dos esforços humanos, em última instância, não se pode compreender

---

[44] Émile Bréhier, op. cit., p. 449-65.

[45] O emanacionismo de Ficino é apenas da hipóstase superior para as demais, e não de uma hipóstase para outra que lhe é inferior. Dito de outro modo, só Deus emana para os outros estratos.

[46] No decorrer de nosso texto, deveremos retomar essas questões, ampliando sua discussão.

plenamente e tampouco definir a natureza do Um ou de Deus, visto que é inefável. E, no entanto, tanto Plotino quanto Ficino falam constantemente sobre Deus e o Um, respectivamente.[47]

Dizer que os dois filósofos falam constantemente sobre o primeiro princípio não significa dizer que eles definem ou compreendem a natureza desse princípio, quer dizer apenas que existe a possibilidade de falar neles mesmo considerando que representam a transcendência absoluta, mas apenas de forma apofática, ou seja, não se pode dizer o que Deus ou Um são, apenas o que não são. De acordo com John Bussanich, mesmo o nome "Um" não reifica esse primeiro princípio como entidade, mas retira dele toda pluralidade. Dito de outra forma, dizer que esse primeiro princípio *é* uno constitui uma formulação negativa que quer dizer que o primeiro princípio *não é* múltiplo ou não contém pluralidade alguma. Nas palavras do próprio Plotino:

> Deve existir algo simples anterior a todas as coisas, e este deve ser diverso de todas as outras coisas as quais vêm depois dele, existindo por si mesmo, não misturado com as coisas que derivam dele, e ainda assim capaz de estar presente de uma maneira diferente a estas outras coisas, sendo realmente uno, e não um ser diferente e depois uno; é falso até mesmo dizer dele que é um, e não há "conceito ou conhecimento" dele; também é, de fato, dito estar "além do ser". Pois se não fosse simples, fora de toda coincidência e composição, não poderia ser um princípio primeiro; e é o mais autossuficiente, porque é simples e anterior a tudo (...) uma realidade deste tipo deve ser única.[48]

Veremos adiante, no capítulo seguinte, que Ficino fará uma reflexão acerca de Deus descrevendo-o de forma bastante

---

[47] John Bussanich, "Plotinus's Metaphysics of the One". In: Lloyd Gerson, *The Cambridge Companion to Plotinus*. Cambridge, Cambridge University Press, 1996, p. 38-39.

[48] Plotino, *Ennead*. Vol. 4. I. 5-16. Trad. A. H. Armstrong. Loeb Classical Library, 1969-1988.

parecida com a citação transcrita de Plotino. Contudo, ainda sobre o Um de Plotino, Bussanich afirma que, mesmo que o termo "Um" possa não dar conta plenamente da realidade do primeiro princípio, devemos aceitar as suas propriedades negativas (unidade, unicidade, simplicidade) como verdadeiras, se pretendemos compreender qualquer coisa que seja sobre o Um.[49] Por exemplo, da simplicidade obtemos o fundamento da prioridade ontológica e da unicidade.[50] E da unidade, por sua vez, depreendemos que o Um não é nada além de si mesmo. O Um também é dito ser infinito e possuidor de um poder infinito de gerar o mundo inteligível, no entanto, mais uma vez estamos diante de uma propriedade negativa, visto que ser ilimitado

> não define de modo algum a natureza do Um, mas indica apenas que a natureza infinita do Um não está sujeita a limitações internas ou externas. Amorfia atesta que o primeiro princípio não é limitado da maneira que o ser ou essência são limitados; e amorfia implica autossuficiência assim como simplicidade.[51]

Em suma, tudo que foi dito até aqui sobre o Um de Plotino pode ser aplicado ao conceito de Deus de Ficino,[52] uma vez que os conceitos se aproximam, de fato; no entanto, há uma diferença de concepção entre eles que não pode ser ignorada e é justamente tal diferença que determinará a confirmação de nossa hipótese de que o Deus de Ficino é o Deus cristão e não uma divindade neoplatônica. Essa diferença consiste no fato de que o Um, por ser distinto de todas as coisas, não possui relação alguma com as outras coisas, enquanto as outras coisas possuem uma relação real com Um.[53] Diz Plotino: "Ele próprio é através dele mesmo o que ele é, relacionado e direcionado para ele mesmo, que ele não pode desta forma nem

---

[49] John Bussanich, op. cit., p. 43.
[50] Plotino, op. cit., VI. 8. 10. 10-14.
[51] John Bussanich, op. cit., p. 44.
[52] O qual será explorado no próximo capítulo e cujas semelhanças com o Um de Plotino ficarão evidentes por si mesmas nas próprias citações de Ficino.
[53] Plotino, op. cit., VI. 8. 8. 12-15, VI. 9. 6. 40.

ser relacionado ao exterior nem a qualquer outra coisa, mas completamente relacionado a si".⁵⁴

Até esse momento, apresentamos os seguintes pontos: a biografia de Ficino em seus aspectos significativos na formação do pensador que ele viria a ser, utilizando como fonte Giovanni Corsi ("The Life of Marsilio Ficino") e Marcel Raymond (*Marsile Ficin*); em seguida, tratamos da controvérsia acerca da Academia Platônica recorrendo a autores que discordam sobre a questão: Arthur Field, que defende a existência legítima da academia, e James Hankins, que julga a sua existência um mito. E, ao final dessa primeira parte, introduzimos alguns pontos do platonismo de Marsílio Ficino fundamentando a nossa exposição em pensadores, como Dominic J. O'Meara (*Neoplatonism and Christian Thought*) e Pierre Magnard (*Marsile Ficin – Les Platonismes à la Renaissance*). A seguir, iniciaremos a segunda parte do presente capítulo, que pretende expor os conceitos que serão fundamentais às questões que este livro se propôs a abordar. O conteúdo dessa segunda parte será essencialmente filosófico; em outras palavras, na sequência o leitor encontrará uma discussão ontológica.

4. A Ontologia Ficiniana

É patente que iniciemos a análise do pensamento de Ficino por sua ontologia. Para que seja possível compreendermos seu conceito de Deus, devemos primeiramente entender as premissas ontológicas que conferem certeza às ideias de Ficino e fundamentam-nas. Realizaremos um percurso similar ao que foi feito por Paul Oskar Kristeller em seu *The Philosophy of Marsilio Ficino*,⁵⁵ o qual compreende: o conceito de ser, de pensamento, de perfeição, de

---

⁵⁴ Ibidem, VI. 8. 8. 12-15, 11. 32.
⁵⁵ Paul Oskar Kristeller, *The Philosophy of Marsilio Ficino*. Nova York, Columbia, 1943.

hierarquia dos entes, de causalidade e, por fim, de *primum in aliquo genere*. No presente capítulo, trataremos apenas dos conceitos de ser, pensamento, hierarquia dos entes e de causalidade. Os demais, ou por resvalarem ou por tocarem diretamente no conceito de Deus, serão tratados apenas no capítulo seguinte.

4.1. O Conceito de Ser

Começa-se pelo conceito de ser pelo fato de que ele é a base de todo o pensamento de Ficino; portanto, não se pode compreender sua filosofia sem antes ter-se esclarecido esse conceito. Kristeller nos diz que devemos tentar estabelecer a função, ordem e caráter do ser por meio de três perguntas: "como o atributo do ser se relaciona com os objetos e com seus outros atributos? Como os objetos estão relacionados entre si no que diz respeito ao seu ser? O que significa quando dizemos que o objeto individual existe e é definido pelo ser?".[56]

Kristeller prossegue afirmando: "O atributo do ser é, por um lado, o mais universal e comum de todos os atributos".[57] Ora, isso quer dizer, primeiramente, que o ser é inerente a todos os objetos. Não obstante, os adjetivos "universal" e "comum" indicam que podemos perceber o ser como gênero em sua função. Fazemos aqui a ressalva de que, quando falamos em ontologia na metafísica ficiniana, estamos inevitavelmente fadados a recuperar a ontologia de Aristóteles e Santo Tomás de Aquino, pensadores de quem Ficino herdou conceitos – que, posteriormente, o filósofo modificaria para elaborar a sua própria ontologia.

Cumpre, então, expormos (ainda que brevemente) a ontologia de Aristóteles e Santo Tomás, para, em seguida, podermos assinalar quais conceitos foram ou não absorvidos por Ficino e quais foram absorvidos parcialmente e depois modificados.

---

[56] Ibidem, p. 35.
[57] Ibidem.

A pergunta pelo ser remonta originariamente à Grécia, mais precisamente à Escola Eleática e seu fundador, Parmênides (séculos VI-V a.C.),[58] que escreveu um poema intitulado "Sobre a Natureza", que expressa sua doutrina. Esse poema pode ser dividido em três partes: a primeira narra a jornada do filósofo até uma deusa, que lhe mostrará o caminho da verdade, no decorrer da segunda parte. Por fim, a terceira parte contém o caminho das opiniões e das aparências.[59] Por razão de espaço, não nos deteremos nos aspectos gerais da teoria de Parmênides. Interessa ao nosso estudo apenas a segunda parte de seu poema, pois é essa que contém as três proposições que constituem o núcleo de seu pensamento:

1) "O ser é, e é impossível que não seja."

2) "O não ser não é e não pode ser de modo algum."

3) "É o mesmo o ser e o pensar."[60]

Conclui-se, a partir dessas proposições, que em Parmênides o ser tem uma acepção unívoca.[61] Nas palavras de Giovanni Reale e Dario Antiseri, "o ser é *o positivo puro* e o não ser é o *negativo puro*, um é o absoluto contraditório do outro".[62] Decorre também dessas proposições que há somente um ser e que esse ser é eterno e imóvel.[63] A maneira pela qual Parmênides irá demonstrar que essas proposições são verdadeiras é

---

[58] Parmênides nasceu na segunda metade do século VI a.C. em Eleia (daí o nome da escola) e morreu no século V a.C. De acordo com Diógenes Laércio, Parmênides fora discípulo de Xenófanes de Cólofon e, de acordo com Teofrasto, fora discípulo de Anaxímenes. Também se julga possível que ele tenha se relacionado com alguns filósofos pitagóricos, como Amínias e Dioquetas, o que explicaria alguns aspectos da doutrina de Parmênides, como, por exemplo, seu monismo e seu formalismo (J. Ferrater Mora, *Dicionário de Filosofia*. Vol. III. São Paulo, Loyola, 2004, p. 2210).

[59] Giovanni Reale e Dario Antiseri, *História da Filosofia*. Vol. 1. São Paulo, Paulus, 2004, p. 32-33; J. Ferrater Mora, op. cit., p. 2210.

[60] Ibidem, p. 33; ibidem, p. 2210.

[61] Para quem quiser mais detalhes, remetemos ao texto integral, em especial aos fragmentos 5, 6 e 8: Parmênides, *Le Poème: Fragments*. Paris, Presses Universitaires de France, 2004.

[62] Giovanni Reale e Dario Antiseri, op. cit., p. 33 (grifos do autor).

[63] Ibidem, p. 34.

por meio da redução ao absurdo de qualquer outra proposição que as contradiga.⁶⁴

Embora vejamos em Parmênides o início da ciência ontológica, em Aristóteles (e, consequentemente, em Santo Tomás), ela se formulará de maneira oposta. Enquanto Parmênides defendia a tese da univocidade do ser, Aristóteles a rejeitará, afirmando que o ser tem múltiplos significados. Pode-se dizer que o ser é considerado sob um ponto de vista cosmológico e lógico no pensamento eleático e que Aristóteles introduz um ponto de vista diferente, que é o metafísico.⁶⁵ Vemos então se iniciar com ele a discussão acerca do problema do ser.

Tudo aquilo que não for puro Nada está, por definição, na esfera do ser, e esse pressuposto inclui tanto as realidades sensíveis quanto as inteligíveis, ou, nas palavras de Jonathan Barnes, "Aristóteles torna pelo menos uma coisa perfeitamente clara: esta ciência [metafísica] não é limitada a uma determinada espécie ou tipo de ser – estende-se a tudo que existe".⁶⁶ Aristóteles separou em quatro grupos os significados do ser:⁶⁷ o ser como categorias (1); o ser como ato e potência (2); o ser como acidente (3); o ser como verdadeiro (e não ser como falso) (4).⁶⁸ Deteremo-nos apenas no primeiro e segundo grupos de significados, uma vez que os demais não aparecerão, pelo menos de maneira recorrente, em Marsílio Ficino.

As categorias aristotélicas são o principal grupo dos significados do ser e podem ser entendidas como gêneros do ser (ou divisões do ser), divididas em dez: 1) substância;⁶⁹

---

⁶⁴ Por isso mesmo será comum identificar em Parmênides a primeira formulação do princípio de não contradição.

⁶⁵ No sentido de considerar o "ser enquanto ser". Jonathan Barnes, "Metaphysics". In: *The Cambridge Companion to Aristotle*. Cambridge, Cambridge University Press, 1995.

⁶⁶ Ibidem, p. 68.

⁶⁷ Aristóteles, *Metafísica*. Tomo II. São Paulo, Loyola, 2002. Ver principalmente os livros IV, V e VII.

⁶⁸ Giovanni Reale e Dario Antiseri, op. cit., p. 197.

⁶⁹ Não adentraremos aqui a problemática da substância, visto que temos espaço limitado e poderíamos nos desviar facilmente de nosso escopo. Para nosso

2) qualidade; 3) quantidade; 4) relação; 5) ação; 6) paixão; 7) lugar; 8) tempo; 9) ter; 10) jazer. Vale notar que somente a primeira categoria existe por si própria; as demais derivam do ser dela e a pressupõem. Veremos adiante que Ficino reterá apenas as três primeiras categorias e raramente fará menção ou mesmo utilizará as demais. Sobre as categorias e sua relação com o ser, afirma Barnes:

> Se nós assumimos que o número de itens na lista é finito, então haverá pelo menos um nódulo mais elevado na árvore, pelo menos um item que é ele mesmo subordinado a item nenhum. Estes itens constituem os tipos mais genéricos de ser: *deve* haver pelo menos um tal item, *pode* haver qualquer número deles. Na tradição aristotélica, estes tipos mais elevados de ser são costumeiramente chamados de "categorias".[70]

Ato (*energeia*) e potência (*dunamis*)[71] configuram o segundo grupo de significados do ser e definem-se sempre por meio de sua relação mútua. Também é comum se recorrer aos exemplos para explicar esses conceitos na medida em que só se pode intuí-los: a semente de uma figueira é a figueira em potência, ao passo que a figueira já crescida o é em ato. Isso quer dizer que a figueira já estava presente na semente enquanto *possibilidade de ser*, ou, dito de outro modo, enquanto capacidade desse ser de se desenvolver. O ato é essa *possibilidade de ser* realizada plenamente. É importante notar que potência e ato se aplicam a todas as categorias; por exemplo,

---

estudo, basta que a consideremos como essência, ou ainda, apenas de modo geral, como matéria, forma e união de matéria e forma. Ancoramos essa acepção do termo na interpretação de Jonathan Barnes, de acordo com a qual o termo que Aristóteles utiliza para essência é *ousia*, ou seja, o termo padrão que ele utiliza para substância. Isso porque para o próprio Aristóteles há uma ligação íntima entre os dois conceitos. Sempre que tais acepções não forem suficientes, especificações e esclarecimentos constarão no próprio corpo do texto. A quem interessar o conceito de substância tal como foi formulado por Aristóteles, recomendamos a leitura do livro VII da *Metafísica* e o ensaio de Barnes, "Metaphysics" (presente no *Cambridge Companion*, já citado).

[70] Jonathan Barnes, op. cit., p. 79.

[71] Aristóteles, op. cit., livros VIII e IX.

é possível um objeto ter uma qualidade em potência ou em ato. Ou ainda, nas palavras de Jonathan Barnes:

> A distinção entre *dunamis* e *energeia* (ou entre potência e ato, como o jargão erudito singularmente compreende) é na realidade a distinção trivial entre ser *capaz* de fazer ou ser algo e *efetivamente* fazer ou ser isto. Eu *posso* (agora) falar um tipo de francês, eu tenho a capacidade – a "potência" – para fazê-lo; mas eu não estou (agora) *efetivamente* falando francês. Quando eu de fato falo francês, aí sim eu "efetivo" minha capacidade para falar francês – quer dizer, eu efetivamente faço algo que posso fazer.[72]

Passemos neste momento à ontologia de Santo Tomás de Aquino. Um dos conceitos principais em sua metafísica é o conceito de ente. Ente é qualquer coisa que existe e pode ser tanto um ente lógico (puramente conceitual) quanto um ente real. É de nosso interesse aqui o ente real, que compreende toda a realidade (isto é, o mundo e Deus) e se refere a ambos, só que de maneira analógica. Isso ocorre porque Deus é ser, ao passo que o mundo possui ser, ou seja, em Deus essência e existência coincidem, e é por isso que também é denominado "ato puro" ou "ser subsistente". Já no mundo, essência e existência são distintas: a essência do mundo não é sua existência, ele apenas a possui.[73]

A reunião das noções de essência e existência, assim como dos conceitos aristotélicos de ato e potência, aparecerá em Santo Tomás por meio da formulação da relação do ser de Deus e o ser do mundo, como desenvolverão Giovanni Reale e Dario Antiseri:

> A essência indica "o que é" uma coisa, ou seja, o conjunto dos dados fundamentais pelos quais os entes – Deus, o homem, o animal, a planta – se distinguem entre si. No que se refere a Deus, a essência se identifica

---

[72] Barnes, op. cit., p. 95.
[73] Giovanni Reale e Dario Antiseri, op. cit., p. 216.

com o ser, mas para todo o resto significa aptidão para ser, isto é, potência de ser (*id quod potest esse*). O que significa que, se as coisas existem, não existem necessariamente, podendo também não existir, e, se existem, podem perecer e não existir mais. Sua essência é a aptidão para ser e não, como em Deus, identificação com o ser. E como a essência das criaturas não se identifica com a existência, o mundo, em seu conjunto e em cada um dos seus componentes, não existe necessariamente, ou seja, é *contingente*, podendo ser ou não ser. (...). Nesse conjunto, fica evidente que, se o discurso sobre a *essência* é fundamental, mais fundamental ainda é o discurso sobre o ser, ou melhor, sobre o *ato de ser*, possuído originalmente por Deus, e de forma derivada ou por *participação* pelas criaturas.[74]

Um outro conceito fundamental na ontologia de Santo Tomás é o conceito de analogia do ser (*analogia entis*). Aristóteles se interessava pela relação horizontal dos seres, ou seja, os seres entre si, e a analogia aparecia como recurso para falar da substância e dos acidentes. Em Santo Tomás, ocorrerá o oposto: ele se interessará pela relação entre o mundo e Deus, ou seja, estabelece-se um movimento vertical e não mais horizontal. Ao participarem do ser de Deus, as criaturas se assemelham a Deus apenas parcialmente. Logo, entre Deus e o mundo não há identidade e, não obstante, também não há equivocidade. Depreende-se que entre Deus e o mundo há ambas as relações, de semelhança e de dessemelhança, e ao unir essas duas relações temos, então, a relação de analogia. Tal relação nada quer dizer senão que os predicados atribuídos às criaturas também são válidos para Deus (daí a semelhança), embora não da mesma maneira e tampouco com a mesma intensidade (daí a dessemelhança).[75] Por fim, resta a questão do

---

[74] Ibidem, p. 216-17. Para maior aprofundamento dessas noções, remetemos ao texto integral de Santo Tomás de Aquino, *O Ente e a Essência*. São Paulo, Vozes, 2005.

[75] Ibidem, p. 219-20.

transcendental, a qual não desenvolveremos por ora, mas que será retomada no capítulo terceiro de nossa obra.[76]

Após termos delineado alguns dos principais conceitos do pensamento metafísico dos autores que influenciaram diretamente Marsílio Ficino, pensamos ser possível passarmos agora à discussão dos aspectos ontológicos de seu próprio pensamento.

Como dizíamos, o ser em Ficino pode ser primariamente definido como aquilo que é inerente a todas as coisas e possui a função de gênero. Diz Ficino:

> A mais comum de todas as coisas, de acordo com os peripatéticos, parece ser o ser ele próprio. Pode ser dividido em duas classes: uma existe por si mesma, a outra é inerente à outra coisa. A primeira é substância, a última atributo. Substância, mais uma vez, é tanto corpórea quanto incorpórea. De igual modo, atributo ou é qualidade ou quantidade, etc.[77]

Assim, de acordo com Kristeller, "tudo que existe ou é uma coisa ou o atributo de uma coisa; em outras palavras, a existência sempre inclui o caráter de uma coisa ou substância".[78] De semelhante maneira, ele nos diz que podemos entender a relação entre ser e substância como a relação entre gênero e espécie. Com efeito, em Ficino, substância indica espécie, não o individual.[79]

De acordo com sua formulação aristotélica, os conceitos de forma e matéria estão em relação de ato/potência, e assim Ficino os adotará. Nesse sentido, todos os atributos concretos de um corpo natural podem ser entendidos como forma, enquanto a matéria constitui o material indeterminado e

---

[76] Assim decidimos por julgar tal questão fundamental para discutirmos o conceito de Deus em Ficino. Pensamos que no decorrer do capítulo seguinte, tal opção se tornará mais clara ao leitor.
[77] Marsílio Ficino, *Opera Omnia*. 2. vol. Basle, 1576, p. 370.
[78] Paul Oskar Kristeller, op. cit., p. 37.
[79] Ibidem, p. 38.

indefinível que está além de todos os atributos. A matéria não possui nem qualidade nem quantidade, e sobre ela apenas é possível dizer que é a mesma para todos os corpos; e embora seja a fundamentação de toda forma, em si mesma é sem forma e incapaz de adquirir forma por si própria,[80] por isso a relação de ato e potência. A forma é ato ao passo que a matéria é potência:

> A matéria não tem existência por si própria. Tem apenas, a respeito de cada objeto, a igual possibilidade de ser e de não ser. A matéria, portanto, é próxima do nada e fica no meio do caminho entre ser e nada. (...). A relação entre matéria e forma também é transferida para os objetos incorpóreos. E nessa tentativa ou uma matéria universal é concebida como subjacente tanto às entidades corpóreas quanto inteligíveis, ou é suposto existir nas entidades incorpóreas um elemento particular o qual tem a mesma função que a matéria tem nos corpos. Esse elemento é chamado *"essentia"* e corresponde à matéria inteligível no sentido neoplatônico, mas está mais diretamente relacionada à tradição tomista.[81]

Fica mais fácil entendermos a equiparação entre matéria e essência se levarmos em consideração que há três termos para expressar o caráter geral do ser em latim na obra de Ficino: *ens, essentia* e *esse*. *Ens* significa o caráter geral de uma entidade, e *essentia* e *esse* são incluídos na entidade como elementos parciais, tal como afirma Kristeller.[82] Ficino diferencia *essentia* e *ens* da seguinte forma: *essentia* é o conceito de uma coisa tal como compreendida em sua definição, e *esse* é sua presença na natureza das coisas.[83] Em outras palavras, *essentia* é a essência (no sentido de substância), e *esse* é a existência.

---

[80] Ibidem, p. 38.
[81] Ibidem, p. 39.
[82] Ibidem, p. 40.
[83] Ibidem, p. 40 e 41.

Entretanto, essa explicação não alcança a relação formal entre esses dois termos, e, para tanto, mais uma vez será necessário recorrer aos termos *ato* e *potência*. Assim, temos que *esse* é o ato de *essentia*:

> O *quod* é, portanto, não uma parte do *quid*, e *essentia* sendo mera potência é incapaz de produzir por si mesma *esse*, que é ato. Uma vez que, portanto, toda entidade que existe é composta de *esse* e *essentia*, ato e potência, essa entidade exige um agente externo (*agens*) primário que confira a ela ato e *esse* e que tenha ele mesmo o caráter de ato puro – em outras palavras, todo ser é dependente de Deus e tem o caráter de criatura. Então, na medida em que esta composição é válida também para os objetos incorpóreos, nós agora podemos entender por que essência (*essentia*) foi considerada a contrapartida inteligível da matéria.[84]

Retomando as categorias aristotélicas, Ficino reterá, fora a substância, apenas as categorias de qualidade e quantidade. Vejamos como ele as entende. Quantidade, no sistema ficiniano, primeiramente terá uma acepção de extensão espacial que é adicionada à matéria como sua primeira especificação;[85] no entanto, seu sentido mais importante será o de divisibilidade.[86] Já qualidade engloba todas as demais especificações da matéria e se assemelha ao conceito de *forma acidentalis*, sendo assim concebida como uma espécie de força ativa por ser causa de toda atividade física.[87]

Resta apenas tratarmos do conceito de nada. Após considerarmos a esfera do ser, temos de nos indagar se é possível que haja qualquer coisa fora dela. Somos movidos a responder que não há, que fora do ser só pode haver nada. O problema surge quando se chega ao questionamento imediatamente

---

[84] Ibidem, p. 41.
[85] Marsílio Ficino, op. cit., p. 79.
[86] Ibidem, p. 79.
[87] Paul Oskar Kristeller, op. cit., p. 41-42.

seguinte: o que é esse nada? Kristeller nos recorda que o nada adquire importância filosófica graças ao cristianismo – e isso em virtude de a doutrina cristã postular que Deus não criou o mundo a partir da matéria, mas sim a partir do nada.[88] Realmente, como afirma Kristeller, dentro do pensamento cristão a questão remonta pelo menos a Santo Agostinho.[89]

Marsílio Ficino, cristão, aceitará em sua filosofia a criação *ex nihilo*. O termo nada ou não ser aparece com frequência em seus textos e terá a definição daquilo que é "privado de todo ser".[90] Assim, para o filósofo, o nada será o oposto do ser, e se estabelecerá, a partir da criação divina, uma relação de ato e potência entre ambos, de modo que o nada ganhará assim coexistência ontológica concreta.[91]

4.2. O Conceito de Pensamento

Quando se trata de discutir o conceito de ser, inevitavelmente esbarramos na tentativa de definir o conceito de pensamento. Isso ocorre porque, como nos lembra Kristeller,

---

[88] Ibidem, p. 46.

[89] A referência mais comumente aludida é uma passagem do capítulo XII das *Confissões*: "E essa matéria, qualquer que fosse, donde provinha, senão de ti, de quem provêm todas as coisas, enquanto existem? Tanto mais longe estão de ti, quanto mais diferem de ti. Com efeito, aqui não se trata de distância espacial. Portanto tu, Senhor, não és aqui uma coisa, e ali outra. Tu és sempre, sempre, sempre o mesmo, 'santo, santo, santo, Senhor Deus onipotente'. Tu no princípio que procede de ti, na tua sabedoria nascida da tua substância, do nada criaste alguma coisa. Fizeste o céu e a terra, mas não da tua substância, pois assim teriam sido iguais ao teu Filho unigênito, e, portanto, iguais também a ti. E não seria absolutamente justo que fosse igual a ti aquilo que não veio de ti. Por outro lado, nada havia fora de ti, de onde pudesses criar, ó Deus, Trindade una e Unidade trina. Por isso, criaste do nada o céu e a terra, duas realidades, uma grande e outra pequena. Tu és onipotente e bom, para criares tudo bom: um céu grande e uma terra pequena. Só tu existias, e nada mais. Deste nada, fizeste o céu e a terra, duas realidades: uma perto de ti, outra perto do nada. Uma que só a ti tem como superior, outra que nada tem inferior a si" (Santo Agostinho, *Confissões*. São Paulo, Paulus, 2005, XII, 7, p. 365).

[90] Marsílio Ficino, op. cit., p. 282.

[91] Ibidem, p. 47.

"segundo Parmênides e Platão, o real e verdadeiro ser é apenas acessível ao pensamento".[92]

Entende-se o conceito de pensamento em Ficino[93] por meio do princípio de afinidade, que nada mais quer dizer senão que deve haver uma adequação geral e formal do pensamento aos seus objetos. Diz Ficino que "o conhecimento é alcançado pela correspondência do intelecto com as coisas".[94] Kristeller assim compreende essa proposição:

> O significado preciso dessa correspondência é mostrado no modo pelo qual o ato de conhecer é interpretado. Assim como cada ação é determinada pela forma inerente a ela, também o pensamento, sendo uma ação interna, é acompanhado de uma forma que é inerente à substância pensante e corresponde ao objeto conhecido. (...). No ato de pensar o intelecto está, portanto, unido ao objeto por meio de sua forma inerente (...).[95]

4.3. O Conceito de Hierarquia dos Entes

A esfera total do ser é constituída de entidades substanciais que coexistem em uma ordem hierárquica definida. Podemos entender essa ordem como um espaço ontológico no qual tanto entidades corpóreas quanto incorpóreas estão incluídas e desempenham uma relação entre si de proximidade e distância, que será determinada de acordo com sua similaridade ou diferença. A forma de hierarquia pode ser

---

[92] Ibidem, p. 48.

[93] Tal conceito, por não ser particularmente complexo, será exposto brevemente, com intuito de não prolongarmos em demasiado a discussão. A quem possa interessar os aspectos epistemológicos do pensamento de Ficino, remetemos aos capítulos IV e XII da obra de Paul Oskar Kristeller, "The Philosophy of Marsilio Ficino", op. cit.

[94] Marsílio Ficino, op. cit., p. 1221: "veritas mentis est eius ad res adequatio". Nessa proposição vê-se claramente a herança tomista.

[95] Paul Oskar Kristeller, op. cit., p. 50.

neoplatônica ou medieval, sendo ambas distintas apenas em alguns aspectos essenciais.[96]

A forma neoplatônica de hierarquia dos entes foi estabelecida inicialmente por Plotino e compreende certas esferas homogêneas: um, intelecto (*nous*), alma, matéria. Cada esfera possui a totalidade de riqueza das formas objetivas e cada uma funciona como princípio ativo que produzirá em si mesma a próxima esfera.

No entanto, na hierarquia medieval, as esferas são as formas objetivas individuais ou as próprias espécies, isso porque cada esfera é considerada como criatura divina e, nessa medida, relaciona-se diretamente com Deus, de maneira que são em sua essência independentes umas das outras. Na escala hierárquica neoplatônica, cada estrato se estabelece como estando ou acima ou abaixo do outro, ao passo que na hierarquia medieval eles se encontram ao lado um do outro.[97]

Em Marsílio Ficino, encontraremos tanto a hierarquia neoplatônica quanto a medieval. Nos trabalhos iniciais do filósofo há a hierarquia plotiniana quase sem modificação alguma; nos primeiros livros da *Teologia Platônica* essa hierarquia aparece modificada na teoria das cinco substâncias, já citadas anteriormente; todavia, nos livros finais da *Teologia* encontram-se poucos elementos da doutrina plotiniana. A hierarquia medieval, por outro lado, que configura uma teoria de graus do ser, constituirá uma premissa essencial na filosofia de Ficino.[98]

Afirma Kristeller:

> A relação hierárquica das coisas, consideradas ontologicamente, é fixa e clara – em outras palavras, um objeto mais elevado em comparação a um mais baixo não é superior em um aspecto e inferior em outro, mas o ultrapassa em todos os aspectos, consequentemente a

---

[96] Ibidem, p. 74-75.
[97] Ibidem, p. 75.
[98] Ibidem.

hierarquia das substâncias manifesta-se em uma contínua gradação de suas qualidades e atributos. Essa gradação não diz respeito apenas aos atributos mais gerais, como verdadeiro ou bom, que estão ligados em toda parte com o próprio ser e, portanto, partilham suas diferenças de gradação, mas também é encontrada nos atributos particulares que são limitados a determinadas seções ou aspectos do ser.[99]

Isso pode ser verificado, por exemplo, no caso da ascensão dos corpos naturais. Nesse caso, a ascensão representará um aumento de forma e um decréscimo de matéria:

> A ordem natural dos corpos é disposta de tal maneira que desce para primeira matéria e ascende para a última forma. E quanto mais cada matéria vem à primeira matéria, melhor – isto é, mais verdadeira e mais pura – a matéria se torna. Quanto mais perto a forma chega à última forma, a mais perfeita forma se torna.[100]

Como assinalamos anteriormente, na filosofia de Ficino, cada espécie ou hipóstase constituirá os diferentes graus do ser. Essas diferentes espécies formarão o mundo como um todo, e, assim, Deus será chamado *princeps specierum*, ou seja, "cabeça das espécies". Deus se estabelece, então, como o mais alto grau da hierarquia, o qual origina todo o resto. Tal colocação é importante, pois, não houvesse Deus presente como limite ontológico dos graus, as séries causais seriam infinitas e cada hipóstase seria igual às demais, o que não seria admissível. A hierarquia cujo topo é Deus funciona como premissa não apenas para afirmar a necessidade de um Deus único, mas também para estabelecer ordem e relação entre as coisas.[101]

Estabelecer a gradação das substâncias é importante no pensamento de Ficino, uma vez que esse mesmo princípio da hierarquia dos entes servirá, amiúde, como base

---

[99] Ibidem, p. 78.
[100] Marsílio Ficino, op. cit., p. 226.
[101] Ibidem, p. 83-84.

argumentativa. Dessa maneira, sempre que dois objetos estiverem em discussão estabelecer-se-á, primeiramente, a relação mútua entre eles pelo princípio da hierarquia e, depois, argumentar-se-á que o superior não dependerá do inferior de modo algum.[102] A aplicação desse princípio e sua argumentação será particularmente frequente quando Ficino discutir as relações entre corpo e intelecto.

Além desse conceito de relação, a hierarquia dos entes também estabelece outros pares de conceitos que a acompanham: os conceitos de unidade e pluralidade e de repouso e movimento. Semelhante ao que vemos na doutrina de Plotino, também em Ficino haverá superioridade do um sobre o múltiplo. No sistema ficiniano, quanto maior o grau na hierarquia ontológica, maior também será o grau de unidade; o mesmo se aplica aos conceitos de repouso e movimento: quanto mais alto estiver o objeto na hierarquia, menor será o movimento, e o inverso é igualmente proporcional.[103]

4.4. O Conceito de Causalidade

Nesse ponto de nosso percurso, cabe discorrermos sobre o conceito de causalidade em Ficino. Para entendê-lo, a tradição recorre ao conceito originalmente platônico de participação,[104] que é uma relação ontológica entre causa e efeito. Entretanto, Marsílio Ficino não assimilará esse conceito em sua forma platônica, mas sim em sua forma neoplatônica:

> (...) a forma interior das coisas é derivada da forma superior das coisas – em outras palavras, a ideia – através de participação ou similaridade, já que a ideia comunica a si mesma às coisas individuais e é a causa da forma intrínseca. Aqui, participação nas ideias é claramente

---

[102] Ibidem, p. 85.
[103] Ibidem, p. 87-89.
[104] O conceito de participação em Platão poderia ser resumido como um conceito que indica a relação entre as coisas e as ideias, e o faz não em um registro meramente lógico, mas sim ontológico. Ver: Ferrater J. Mora, op. cit., p. 2212.

entendida como causalidade substancial. O conceito de participação pode, portanto, ser separado da teoria das ideias e transferido para todas as outras relações causais. Quando Ficino diz que, em contraste com o fogo, a madeira é quente por participação, ele quer dizer que através de seu próprio calor a madeira participa no calor do fogo. Isso corresponde ao fato de que o fogo aquece todas as coisas, isto é, por sua própria natureza produz o efeito de calor nelas. Vemos, portanto, que participação corresponde ao elemento da forma, ou qualidade.[105]

Ficino, no entanto, encontrará uma dificuldade ao lidar com o conceito de participação: desde sua origem platônica, tal conceito implica que diversas coisas participam de uma única causa. O filósofo resolverá essa dificuldade por meio da doutrina da causalidade objetiva: de acordo com essa doutrina, é possível que muitos efeitos e causas secundárias participem de uma única causa originária. Depreende-se, consequentemente, que se estabelece uma diferença essencial entre a qualidade da causa ativa e a mesma qualidade tal qual ela se apresenta nas coisas que participam da causa ativa. Essa diferença essencial consiste em que a qualidade nas coisas (não na causa) é transmitida e, por isso, possui outros elementos mesclados a ela; já a qualidade na causa ativa é de outra ordem: é absoluta e infinita.[106] Para que fique mais facilmente compreensível essa doutrina, repetimos aqui o exemplo dado por Kristeller: "Para o fogo, o calor é uma qualidade própria da substância e está contido no conceito de sua essência, enquanto para a madeira por outro lado, o calor é uma qualidade meramente comum ou contingente, produzida pela ação do fogo ou por sua própria participação no calor do fogo."[107]

Em suma, não é o conteúdo da qualidade que determina a diferença, e sim a maneira como essa qualidade é transmitida; ou uma coisa possui certa qualidade por si mesma (caso

---

[105] Paul Oskar Kristeller, op. cit., p. 126-27.
[106] Ibidem, p. 127-28.
[107] Ibidem, p. 128.

do calor – fogo, no exemplo) ou possui certa qualidade por meio de outra coisa (caso da madeira – calor, no exemplo), daí a participação.

A importância de tratar o conceito de causalidade em Ficino, tal como expomos aqui, dá-se na medida em que ele surge em sua obra com o intento de discutir a criação e, portanto, leva necessariamente ao conceito de Deus, o qual é nosso objeto neste livro. Isso fica claro quando entendemos que, para Ficino, gênesis significa aceitação do ser, que é entendido como qualidade das coisas. Assim, segue-se que a existência (ou ser) das coisas não é dada, mas sim transmitida por uma causa ativa, de modo que a qualidade "existência" aparecerá como efeito comum a tudo que participar dessa causa. Da mesma maneira que a existência do calor depende do fogo, que é sua causa ativa, também o ser dependerá de uma causa ativa, e essa causa é Deus. Leiamos Ficino:

> Uma vez que o ser é encontrado em todas as coisas como comum a todos para além das condições peculiares de cada, devemos indicar causas individuais para condições e qualidades individuais, mas uma causa comum a todos para o Ser, que é o único comum a todos. A causa comum a todas coisas é Deus propriamente. Deus, portanto, é realmente a causa do ser, mas outras causas fora de Deus contam para uma coisa ser isto ou aquilo e ter tal ou tal qualidade. Por isso você tem de Deus unicamente que você é, do homem que você é homem, e do fogo que você é aquecido.[108]

Dessa forma, temos a conclusão em Ficino de que temos ser (e também o mundo o tem) apenas por participação no ser de Deus. O ser é, em nós e no mundo, efeito, e é possuído como qualidade substancial por Deus unicamente. Por isso que apenas Deus existe por si mesmo sob qualquer aspecto.[109]

---

[108] Marsílio Ficino, op. cit., p. 147.
[109] Paul Oskar Kristeller, op. cit., p. 134.

Em suma, percorremos até o momento as seguintes questões: os fatos biográficos que tiveram um papel na formação de Ficino enquanto intelectual, ou seja, o ambiente familiar erudito, o contato com a filosofia na faculdade de medicina e a proximidade com Cosme de Médici. Recorremos a Giovanni Corsi (contemporâneo de Ficino e seu primeiro biógrafo, no texto "The Life of Marsilio Ficino") e a Marcel Raymond (no livro de sua autoria intitulado *Marsile Ficin*). Em seguida, apresentamos a controversa questão acerca da Academia Platônica de Florença, supostamente fundada por Ficino. Utilizamos como apoio à nossa discussão os textos do especialista no tema, Arthur Field (*The Platonic Academy of Florence*), e do historiador James Hankins (*The Myth of the Platonic Academy of Florence*) e nos inclinamos a concordar com as ponderações de Field, que defendem a existência legítima da academia enquanto espaço em que se estudavam textos platônicos livremente. Aproveitamos a discussão sobre a Academia Platônica para inserir, na sequência, alguns aspectos do platonismo de Ficino. Para tanto, nos apoiamos, entre outros, nos textos de Dominic O'Meara (*Neoplatonism and Christian Thought*), de Pierre Magnard (*Marsile Ficin – Les Platonismes à la Renaissance*), de Anthony Levi ("Ficino, Augustine, and the Pagans") e de Jörg Lauster ("Marsilio Ficino as a Christian Thinker"). Por último, fizemos uma discussão ontológica que partiu de Parmênides e passou pelas heranças conceituais de Ficino, a saber, Platão, Aristóteles e Santo Tomás de Aquino, fiando-nos sempre que possível na própria letra do filósofo cuja teoria era apresentada. Na ocasião em que alcançamos a ontologia de Ficino, utilizamos principalmente a obra de Paul Oskar Kristeller, *The Philosophy of Marsilio Ficino*. Essa trajetória tinha como intento fornecer instrumentos para reflexão e repertório filosófico. Uma vez em posse deles, poderemos analisar e discutir o conceito que nos importa, de fato, nesta obra: o conceito de Deus em Ficino. E é a ele que passaremos no capítulo a seguir.

3. O Deus de Marsílio Ficino

Neste capítulo final de nosso livro, devemos adentrar o conceito específico de Deus presente na obra de Marsílio Ficino. Nosso objetivo é tentar delinear, tanto quanto for possível, o caráter do Deus de Ficino, para posteriormente determinarmos – em nossas considerações finais – se sua filosofia paganizou o cristianismo ou se, de fato, permaneceu uma filosofia cristã. Para cumprir essa atividade, dividiremos nosso texto em duas partes.

Na primeira parte, partiremos inicialmente de algumas considerações sobre a teologia à época de nosso autor, utilizando, para tanto, as reflexões de Julián Marías (*História da Filosofia*) e de Jacques LeGoff (*Os Intelectuais na Idade Média*). Em seguida, passaremos à discussão da teologia presente no pensamento do próprio Ficino. Nesse momento do texto, deverão ser abordadas questões como sua teoria do pecado, sua cristologia, seu conceito de redenção e sua visão de homem. Nossa base teórica para essa apresentação será o teólogo Jörg Lauster ("Marsilio Ficino as a Christian Thinker") e, em menor escala, o filósofo Paul Oskar Kristeller (capítulo "Appetitus Naturalis" do livro *The Philosophy of Marsilio Ficino*). Assim se encerra a primeira parte de nosso texto.

A segunda parte compreende, principalmente, a apresentação do conceito de Deus. De fato, não é uma empreitada fácil: até o momento, os comentários sobre essas passagens que tratam dessa questão são raros. Portanto, faremos uma leitura estrutural do próprio texto de Marsílio Ficino (basicamente, todo o livro II da *Teologia Platônica*), apresentando sua concepção de Deus tal qual ele mesmo a apresenta. Não obstante, essa dificuldade nos oferece a oportunidade de presentear o leitor com um bom volume de citações que permitirão, assim, um maior contato com um autor pouco traduzido e pouco conhecido. A segunda parte do texto se encerra com um breve comentário de Paul Oskar Kristeller (capítulo "Perfection of the World" no livro *The Philosophy of Marsilio Ficino*) sobre o conceito de Deus em Ficino, que, de acordo com nosso julgamento, será fundamental para realizar a síntese de tudo o que foi discutido até então.

1. Uma Ambientação Teológica

Em sua *História da Filosofia*, Julián Marías descreve a situação espiritual da Europa durante o Renascimento da seguinte forma: "No final da Idade Média a situação religiosa em que o homem vivia tornara-se problemática. A teologia estava em profunda crise, com o destaque cada vez maior para o aspecto sobrenatural, e por isso se tornava mística".[1]

Ora, que quer dizer Marías com "profunda crise" e "destaque cada vez maior para o aspecto sobrenatural"? Torna-se mais fácil compreender essas questões se recorrermos aos estudos que concernem à Idade Média propriamente. Para tanto, utilizaremos como referencial teórico o historiador Jacques LeGoff com o intuito de cumprir o objetivo de esclarecê-las.

LeGoff considera essa crise espiritual fruto do divórcio entre a razão e a fé. Ocorreu, basicamente, que a teologia no século XIV desviou-se do propósito de conciliar razão e fé que a escolástica, até então, havia se colocado. O historiador identificará esse movimento de distanciamento do objetivo teológico inicial nas figuras de João Duns Scot (1266-1308)

---

[1] Julián Marías, *História da Filosofia*. São Paulo, Martins Fontes, 2004, p. 203.

e de William de Ockham (cerca de 1300 a cerca de 1350). Citamos, a seguir, a formulação dessa hipótese integralmente:

> Duns Scot foi quem deu a partida para a separação entre a razão e os assuntos da fé. Deus é tão livre que escapa à razão humana. A liberdade divina, tornando-se o centro da teologia, deixa a teologia fora do alcance da razão. Guilherme de Ockham caminha no mesmo sentido e torna completo o divórcio entre o conhecimento prático e o conhecimento teórico, aplicando as consequências da doutrina scotista à relação entre o homem e Deus. Distingue um conhecimento abstrato e um conhecimento intuitivo. Por oposição ao conhecimento intuitivo, o conhecimento abstrato *não nos permite saber se uma coisa que existe, existe, ou se uma coisa que não existe, não existe. (...) O conhecimento intuitivo é aquele através do qual sabemos que uma coisa é, quando ela é, e que ela não é, quando ela não é.* Sem dúvida, como mostrou Paul Vignaux, a lógica ockhamiana não leva obrigatoriamente ao ceticismo. O processo de conhecimento não implica necessariamente a existência do objeto conhecido. Chegar-se-á à verdade por dois caminhos inteiramente separados: a prova não se relacionava com aquilo que se podia constatar por experiência; todo o resto era objeto de especulação, não levando a nenhuma certeza, no máximo a probabilidades. Mas a aplicação desses princípios à teologia pelo próprio Ockham desemboca no pessimismo. Deus, sendo definido apenas por sua onipotência, *torna-se sinônimo de incerteza, deixa de ser a medida de todas as coisas. (...)* Em consequência, a razão não podia mais sustentar ou confirmar a crença. A crença tinha de abandonar o campo da discussão, deixando o caminho livre para o fato, ou submeter-se à dúvida que determinava todo o caminho extrassensível.[2]

Entender esse processo de dissociação entre fé e razão será fundamental para a compreensão das motivações que levaram

---

[2] Jacques LeGoff, *Os Intelectuais na Idade Média*. Rio de Janeiro, José Olympio, 2003, p. 162-63 (grifos do autor).

Marsílio Ficino a escrever uma obra como *Teologia Platônica*. De fato, a situação teológica do século XV era justamente essa descrita por LeGoff, ou seja, uma situação herdada da crise espiritual medieval. Em um ambiente como esse só havia duas posições a tomar: a primeira seria a do anti-intelectualismo;[3] e a segunda, a da reação à situação presente. Explicamos: o anti-intelectualismo se configura como uma posição de rejeição à escolástica tal qual ela se encontrava estabelecida ao final da Idade Média, e podemos identificá-la no campo teológico com a mística. Daí terem florescidos justamente nessa época textos de místicos como Meister Eckhart, entre outros. E é exatamente isso que Marías pretendia dizer quando formulou que a consequência da crise escolástica fez crescer o interesse pelo aspecto "sobrenatural", conforme foi citado anteriormente.

Contudo, é importante notar aqui tal qual o historiador holandês Johan Huizinga, que o misticismo, quando presente, sempre guardará tensões para com a Igreja. Para explicar mais extensamente essa tensão, diz Huizinga:

> A Igreja receou sempre os excessos do misticismo, e com razão, pois o fogo do êxtase contemplativo, para consumir formas e imagens, necessita de queimar todas as fórmulas, conceitos, dogmas e mesmo os sacramentos. A verdadeira natureza do transporte místico, todavia, implicava uma salvaguarda para a Igreja. Elevar-se à caridade do êxtase, errar nas alturas solitárias da contemplação esvaziadas de formas e de imagens, saborear a união com o princípio único e absoluto era para o místico apenas a graça singular de um momento. Ele tinha de descer das alturas. Para mais, os extremistas, com seu séquito de *enfants perdus*, transviaram-se no panteísmo e em excentricidades. Os outros, porém – e é entre estes que se encontram os grandes místicos –, nunca se perderam no caminho do regresso à Igreja, que os esperava com seu sensato e econômico sistema de mistérios

---

[3] Para um aprofundamento dessa posição, da maneira como Jacques LeGoff a concebe, remetemos ao seu texto. Ibidem, p. 167-69.

fixados na liturgia. Oferecia a todos os meios de alcançar em dado momento o divino princípio em toda a segurança e sem o perigo de extravagâncias individuais. Economizava a energia mística e foi isso o que sempre a fez triunfar dos perigos com que o misticismo a ameaçava.[4]

A tensão entre a Igreja e os místicos estava justamente nessa necessidade de "queimar todas as fórmulas, conceitos, dogmas e mesmo os sacramentos", afirma Huizinga. Entretanto, o místico atento a não se desviar do caminho da Igreja poderia alcançar essa união com Deus mesmo parametrizado pelos meios que a própria Igreja oferecia a ele para tanto. É possível afirmar, com base em tal observação de Huizinga, que Marsílio Ficino se enquadraria nesse tipo de místico. Ele seria um pensador alinhado com a segunda posição descrita anteriormente, ou seja, a de reação a situação presente, mas sem cair no misticismo radical, nem tampouco no intelectualismo radical.

Esse posicionamento de Ficino configura-se como uma tentativa de retomar o equilíbrio entre a razão e a fé, outrora escopo da escolástica. Ficino pensava que a situação problemática da teologia em seu tempo necessitava de uma mudança. A mudança, no entanto, deveria consistir em recuperar os propósitos espirituais do passado, ou seja, deveria retomar a maneira de se fazer teologia pré-crise da escolástica.

As motivações do filósofo foram, principalmente, de ordem espiritual. Do modo como ele percebia o problema, era patente que filosofia e teologia se unissem novamente, sob o risco de, caso isso não ocorresse, a descrença exercer domínio espiritual (o que teria como consequência um crescimento da despreocupação com a moral). É partindo desse lugar na reflexão que ele irá conceber a elaboração de uma filosofia que sustente a fé nos moldes de um Santo Tomás de Aquino. Notável aqui é o fato de que Ficino percebia seu trabalho intelectual como *missão*. A indústria de Ficino nem era modesta, nem um pouco fácil de ser levada a cabo.

---

[4] Johan Huizinga, *O Declínio da Idade Média*. Lisboa, Ulisseia, 1996, p. 232.

2. A Teologia de Marsílio Ficino

De modo geral, é difícil delinear uma teologia, no sentido estrito, em Marsílio Ficino. Suas concepções religiosas e doutrinárias ligadas propriamente aos problemas cristãos são, por vezes, encobertas por conceitos filosóficos pagãos. Além disso, os *scholars* do autor raramente se dedicam a esses aspectos em seus estudos, privilegiando, no mais das vezes, apenas os aspectos filosóficos. Um dos poucos estudiosos que se dedicou a tratar dessas questões teológicas foi o teólogo Jörg Lauster, cujas teses utilizaremos sempre que possível. Também constará como apoio bibliográfico o já citado livro de Paul Oskar Kristeller sobre Ficino e sua filosofia. Os principais pontos que deveremos abordar são a visão de homem de Ficino, a teoria do pecado e sua cristologia.

2.1. A Antropologia Ficiniana

Cabe-nos, a partir deste momento, apresentar qual seria a visão de homem presente no pensamento de Marsílio Ficino. Utilizaremos dois textos como suporte: o artigo de Jörg Lauster, "Marsilio Ficino as a Christian Thinker: Theological Aspects of his Platonism",[5] e o capítulo "Appetitus Naturalis", presente no livro *The Philosophy of Marsilio Ficino*,[6] de autoria de Paul Oskar Kristeller.

Jörg Lauster inicia o texto afirmando que a antropologia de Ficino é, na realidade, psicologia. Essa afirmação está fundamentada na concepção de que Ficino formula sua visão de homem a partir de sua teoria sobre a alma, lembrando que na ontologia ficiniana a alma ocupa um lugar intermediário

---

[5] Jörg Lauster, "Marsilio Ficino as a Christian Thinker: Theological Aspects of his Platonism". In: Michael B. Allen, *Marsilio Ficino: His Theology, his Philosophy, his Legacy*. Boston, Brill, 2002, p. 45-69.

[6] Paul Oskar Kristeller, *The Philosophy of Marsilio Ficino*. Nova York, Columbia University Press, 1943, p. 171-99.

entre o inteligível e o sensível. Essa posição ontológica ocupada pela alma na hierarquia das cinco hipóstases da teoria do ser de Ficino estabelece, portanto, que ela possui uma função que lhe é particular: a de mediadora. De acordo com Lauster, esse papel desempenhado pela alma leva ao pressuposto de que há nela uma dupla inclinação: tanto ao mundo inteligível quanto ao mundo sensível, e é exatamente essa assunção que levará Ficino a desenvolver o conceito de *appetitus naturalis*.[7]

Também podemos entender o conceito de *appetitus naturalis* como "movimento natural" ou "desejo natural". Há diversas passagens em que Marsílio Ficino expõe definições desse conceito; no entanto, citaremos aqui a mais frequente em textos técnicos, presente no livro catorze da *Teologia Platônica*:

> Um movimento natural destinado para algum fim é destinado para esse fim e não para outro, por nenhum outro motivo senão por alguma disposição de sua natureza através da qual se concorda com tal fim e não com outro, e por causa desse acordo o ama e, por causa disso, também pode atingir o que ama. Por exemplo, o ar, concordando em leveza com a concavidade do fogo [ou seja, com a parte externa da esfera do fogo], se esforça através da leveza e é movido em direção a essa concavidade. Pela leveza, mais uma vez, pode atingir essa concavidade e descansar nela após alcançá-la. Portanto, o desejo humano voltado para Deus pode algum dia ser suprido. Por que quem o implantou em nossas almas senão o mesmo Deus a quem procuramos? Como Ele é o único autor das espécies, Ele implanta seus apetites peculiares nas espécies. Porque todo apetite natural é derivado da causa primeira das coisas a partir da primeira coisa boa e desejável.[8]

---

[7] Jörg Lauster, op. cit., p. 48.
[8] Marsílio Ficino, *Opera Omnia*. 2 vol. Basel, 1576, p. 305.

Kristeller ainda nos lembra que Ficino, por vezes, utiliza igualmente os termos "inclinação" e "afeto" para designar o conceito de apetite. Esse conceito consiste, em sua primeira acepção, que "algo é direcionado para alguma coisa". Assim temos, segundo Kristeller, que cada desejo é o desejo de algo por algo.[9]

O ponto é que a alma tem um apetite (ou movimento) de caráter duplo, como destacamos anteriormente, ou seja, tanto pode ascender ao divino quanto se inclinar ao corpo. Tomando essa concepção em um registro teológico, temos que a posição do homem no mundo é ambivalente, já que tanto glória quanto miséria compõem sua existência. Eis, então, a antropologia teológica de Ficino: a existência do homem é admirável *apenas* na medida em que a alma e Deus se relacionam por afinidade,[10] e é somente por meio dessa premissa que se pode aplicar o conceito de dignidade humana ao pensamento de Ficino.

Logo, a questão se a religião é divina *ou* natural não preocupa Ficino, diz Lauster:

> A religião é o sinal particular do homem; é a elevação da mente para Deus (*mentis in Deum erectio*) e a contemplação da esfera divina (*contemplatio divinorum*). Portanto, a religião é uma parte natural e necessária da natureza humana. Ficino vai longe ao ponto de descrever a religião no sentido de ser algo como um instinto de Deus. Religião, no entanto, também é divina, porque é causada no homem pela luz divina. A elevação religiosa da mente humana a Deus é, para Ficino, não uma autoiluminação, mas o efeito da mente divina na mente humana. Então a religião é – como Ficino declara claramente em um sermão – o que diferencia o homem dos animais. Portanto, a religião é ao mesmo tempo natural e divina.[11]

---

[9] Paul Oskar Kristeller, op. cit., p. 175.
[10] Jörg Lauster, op. cit., p. 49.
[11] Ibidem, p. 50-51.

2.2. Teoria do Pecado

Lauster prossegue sua argumentação advertindo o leitor para que cuide de não cometer erros hermenêuticos após a assimilação desses conceitos. O erro consistiria em supor que se pode depreender do que fora dito até então que não há uma doutrina do pecado no pensamento ficiniano. De acordo com o teólogo:

> Em sua análise fenomenológica da vida humana, Ficino vê muito claramente a fraqueza do homem. Em seu cuidado e orientação do mundo material, a alma tem de lutar com um bom número de obstáculos sérios. A finitude da existência corporal envolve um sentimento vago de descontentamento e tristeza. Dada sua orientação ao infinito e divino, a alma não pode alcançar satisfação com bens mortais, nunca consegue encontrar descanso durante sua existência terrena. (...) Assim, a união da alma e do corpo dá à vida humana um elemento heroico: a alma está em julgamento na fronteira entre a parte mortal e parte imortal do cosmos.
>
> Este é o contexto para a teoria do pecado de Ficino. O fato de que a alma pode renunciar à sua tarefa própria e sucumbir à influência material é o que Ficino chama de pecado, embora ele não se comprometa em usar um termo específico. Ele nomeia isso *peccatum* ou *vitium*, ou o descreve como fracasso inespecífico. Isso acontece quando a inclinação da alma é para o corpo, e Ficino a chama de pecado, pois essa inclinação exclui o divino e a afinidade intelectual da alma. A alma se afasta de Deus e abre mão de sua destinação divina.[12]

Faz-se importante tocarmos nesse ponto da discussão uma vez que ele é alvo, amiúde, de uma má compreensão comum do Renascimento, pois constitui o clichê intelectual que pressupõe que os filósofos da Renascença são todos defensores de uma supervalorização do humano e da ideia de haver no

---

[12] Ibidem, p. 51.

homem uma potencialidade infinita para a perfectibilidade. Em Ficino, como vimos, esse clichê não se aplica.

Encontramos ainda na teoria do pecado de Marsílio Ficino traços da influência filosófica que Santo Agostinho exerceu sobre ele. Será frequente o uso de termos como "amor de si" ou "soberba" quando Ficino estiver se referindo ao conceito de pecado. O filósofo conceberá essas expressões de acordo com a noção de que implicam um movimento da alma sobre si mesma, ou seja, quando a alma, em vez de procurar a união com Deus, permanece em si mesma buscando tão somente a autossatisfação.[13] Portanto, para Ficino, o pecado aparece como estrutural no homem, e, muito embora não utilize o conceito de graça divina, ele entenderá o pecado como uma perversão da orientação original da alma, de modo que não será possível retornar a essa orientação por força humana. A alma só conseguirá cumprir seu propósito de união com Deus através de Deus unicamente.[14]

2.3. Cristologia e Redenção

A cristologia não ocupa um lugar central no pensamento de Marsílio Ficino, mas ainda assim é possível delinear o que a pessoa de Cristo representa na economia formal da obra do filósofo. Seguindo os passos de Jörg Lauster, iniciemos nossa trajetória pela reflexão acerca da doutrina da Trindade.

Ficino alinha-se à concepção dogmática da divindade de Cristo em razão da Trindade divina, mas elabora de maneira peculiar sua teoria sobre o assunto. De início, é patente compreendermos sua teoria de *generatio*. O conceito de *generatio* é de acepção simples: significa o "princípio produtivo de qualquer forma de vida".[15] Se considerarmos a ontologia de Ficino tal qual ela foi abordada no capítulo anterior de nossa obra, sabemos que, de

---

[13] Ibidem, p. 52.
[14] Ibidem, p. 54.
[15] Ibidem.

acordo com a hierarquia dos entes, Deus é a forma mais elevada, e, portanto, a forma mais elevada de *generatio* pertencerá a Deus somente.[16] A esse respeito, argumenta Lauster:

> Em Deus *generatio* é puramente imaterial. O ato de geração é o autopensamento de Deus. Uma vez que em Deus *intelligere* e *esse* são idênticos – Ficino aceita essa importante ideia de Tomás de Aquino – Deus não apenas pensa Sua imagem perfeita, Ele é sua imagem perfeita e isso constitui a concepção ideal de todo cosmos em Deus. A essa concepção ideal da realidade como produto do autopensamento de Deus Ficino chama *"mundani vero architeci ratio et intelligibile verbum"*, que Deus usa como um instrumento no ato de criação do mundo. Com a participação do Filho na criação de um protótipo ideal Ficino introduz a teoria de Cristo mediando à criação, que desempenha um papel fundamental em seu conceito de redenção.[17]

O que Lauster identifica, a partir da teoria da *generatio*, é uma contribuição original de Ficino à doutrina da Trindade.[18] Ora, o teólogo assim supõe por ter notado a influência do neoplatonismo presente na noção de geração de Ficino, de modo que essa geração é entendida como princípio causal do mundo como um todo. O teólogo oportunamente nos lembra que, após termos compreendido essa questão, torna-se plausível a leitura de Kristeller sobre essa teoria, quando o autor afirma que, por meio dela, Ficino esboça uma interpretação metafísica da Trindade.[19]

Lauster aponta ainda outro conceito fundamental à cristologia de Ficino: o conceito de encarnação. Na teologia

---

[16] Ibidem, p. 55.
[17] Ibidem.
[18] Ibidem.
[19] Ibidem. Ao se referir à leitura de Kristeller acerca da teoria da *generatio* de Ficino, Jörg Lauster tem em mente a discussão presente no capítulo VIII da obra *The Philosophy of Marsilio Ficino*. Esse capítulo tratará do conceito de causalidade, já discutido em nosso livro no capítulo 2, "A Filosofia de Marsílio Ficino – Uma Metafísica de Tributos à Tradição".

ficiniana, o conceito de encarnação será oriundo de uma fusão entre a cosmologia neoplatônica e da cristologia dos padres gregos, de maneira que, ao final, temos que, para Ficino, encarnação significa o movimento de "descida do *logos* preexistente ao mundo sensível". Inevitavelmente, caímos no questionamento de qual teria sido a motivação, ou ainda, o propósito divino ao tornar-se homem. A explicação desse ato divino, para Ficino, é que se fazia *necessário* Deus tornar-se homem para que o homem pudesse tornar-se Deus.[20] Que não seja o filósofo mal interpretado: quando diz que o homem pode "tornar-se Deus" em razão da encarnação divina, quer dizer apenas que é justamente a encarnação que possibilita à alma superar sua corrupção original e unir-se a Deus. Em suma, o que Lauster pretende demonstrar é que os conceitos de *generatio* e encarnação estão estreitamente ligados ao conceito de redenção de Ficino:

> A encarnação é um pressuposto indispensável para alcançar o destino final do homem. No contexto da cosmologia de Ficino é importante que Deus se apresente de forma material. A apresentação do plano divino na perceptível pessoa sensível de Cristo abole a orientação perversa da alma para esfera sensível e material. Ficino chama isso de ato de reforma da alma. Depois da queda, o homem perdeu sua formação original. Isso torna uma nova formação necessária, uma reforma. Isso só pode acontecer através do princípio original de formação e esse princípio é o Cristo enquanto o *intelligible verbum* da criação. (...) Essa reforma faz com que a ascensão da alma a Deus seja possível e estabelece as bases para a redenção. Contrariamente ao que acontece com a criação, essa reforma corretiva implica uma nova forma de aparecimento do *verbum*. Ao renovar o *sensibilia* ele tem de se tornar *verbum sensibile*. (...) Devido à posição central do homem na ordem cósmica, o devir sensível de Deus só pode ser a encarnação no homem.

---

[20] Jörg Lauster, op. cit., p. 56.

O homem como o centro, que inclui tudo, é o único ponto possível de mediação entre os extremos do universo.[21]

Aqui vemos a doutrina cristológica tradicional ser alterada por Ficino a partir de suas influências neoplatônicas. Como Lauster aponta, de acordo com os pressupostos neoplatônicos, só é possível unir extremos como Deus e corpo através de mediação, que, nesse caso, é o homem. Ora, é o homem porque é apenas nele que temos dois graus distintos de ser unidos: alma e corpo. Segundo o teólogo, tal união ontológica estabelecerá a encarnação como a mais alta expressão de conexão entre extremos.[22]

3. O Conceito de Deus em Marsílio Ficino

Neste momento de nosso livro, deixamos para trás as questões estritamente teológicas para adentrar as questões próprias da filosofia. Como é de se esperar, a discussão dos conceitos é mais árdua; no entanto, acreditamos que neste ponto – após ter atravessado a leitura do capítulo 2 e do início deste capítulo – o leitor já possui todo repertório conceitual de que necessita para compreender a especulação metafísica de Marsílio Ficino. Nossa abordagem do conceito de Deus deverá seguir o percurso efetuado pelo próprio filósofo no livro II da *Teologia Platônica*, de modo que nos fiaremos quase que exclusivamente na própria letra do autor.[23] Além do texto de Ficino, deveremos recorrer, quando oportuno, ao livro de Paul Oskar Kristeller, *The Philosophy of Marsilio Ficino*.

---

[21] Ibidem, p. 56-57.

[22] Ibidem, p. 57. Vale notar que apresentamos aqui uma versão resumida da teoria da redenção em Ficino. A quem interessar essa questão remetemos ao artigo completo de Jörg Lauster, o qual, até onde conhecemos, foi o único a abordar especificamente esse conceito. Não aprofundamos essa discussão por ela ser razoavelmente extensa e envolver uma série de conceitos que, caso tivéssemos optado por expor, nos desviaria em demasiado de nosso objeto.

[23] Tal posicionamento foi tomado em razão da escassez de comentários a respeito das passagens que lidam especificamente com a questão de Deus em Ficino.

3.1. Da Necessidade Ontológica da Existência de Deus

Marsílio Ficino começa a discussão acerca de Deus em seu sistema a partir do desenvolvimento lógico de sua doutrina de hipóstases, que levará a uma necessidade ontológica de Deus. A proposição que começa a delinear o conceito de Deus para Ficino encontra-se no primeiro livro da *Teologia Platônica*, no capítulo VI: "acima dos anjos é Deus; pois assim como a alma é pluralidade móvel, e os anjos, pluralidade imóvel, então Deus é unidade imóvel".[24] Temos, portanto, uma primeira "definição" de Deus: é unidade imóvel. Vejamos como o filósofo chega a essa definição.

Na escala hierárquica dos entes temos, logo após a alma, os anjos. O que diferencia ontologicamente esses dois estratos é que o primeiro pode ser compreendido como pluralidade móvel, e o segundo, como pluralidade imóvel. Em relação à ideia de que os anjos são substancialmente imóveis, impotentes e ociosos, Ficino diz ter herdado dos filósofos platônicos[25] sem, todavia, especificar quais.[26] E prossegue desenvolvendo conceitualmente esses aspectos: a alma pode ser caracterizada como "pluralidade" exatamente porque se move, ou seja, passa de uma coisa à outra. Disso procede que há na alma as duas coisas entre as quais ela se movimenta, daí a pluralidade essencial. Vale notar que essa pluralidade é pluralidade em movimento.[27]

Já os anjos, por sua vez, são imóveis e, no entanto, também contêm pluralidade. Considerando que é razoável supor haver uma grande distância entre os extremos, não é possível que de pluralidade móvel siga, em um registro ontológico, imediatamente unidade imóvel. Logo, existe a necessidade de uma mediação. Os anjos encontram-se após a alma na hierarquia dos entes sem

---

[24] Marsílio Ficino, *Platonic Theology*. Vol. I. Massachusetts, Harvard University Press, 2001, p. 79.
[25] Ibidem.
[26] Ficino fará esse tipo de referência teórica vaga com frequência, e, vez ou outra, o leitor encontrará citações precisas e devidamente ambientadas em algum cenário intelectual.
[27] Marsílio Ficino, op. cit., p. 79.

qualquer intermediário, o que, pela definição, inviabiliza a possibilidade de anjos serem unidades imóveis. Assim, anjos são pluralidade imóvel, mas não podem possuir unidade, uma vez que funcionam eles mesmos como mediação entre a alma e Deus.[28]

Se os anjos não podem ser unidade imóvel porque procedem a alma, que é pluralidade móvel, é necessário que exista algo acima dos anjos que seja imóvel e simples (no sentido de ser uno). Esse "algo" é, precisamente, Deus:

> (...) em seguida, deve existir algo mais acima dos anjos que não é só imóvel, mas completamente uno e simples. Trata-se de Deus, o mais poderoso de todos porque é o mais simples de todos. Uma vez que a união consiste na simplicidade e o poder, na unidade, ninguém ousaria dizer que Deus é composto de muitas coisas, porque, se Deus fosse composto corretamente, Ele consistiria em algo semelhante a um substrato ou de algo semelhante a uma forma. Nesse caso, Deus não seria em todos os aspectos o mais perfeito, já que uma parte nele seria menos perfeita que outra, e ambas as partes menos perfeitas que o todo. Tampouco Deus seria o maior agente, porque Ele faria tudo o que Ele faz não por meio de todo o seu ser, mas por meio de uma de suas peças, a forma. (...). Ele estaria vendo algo em si mesmo que não Deus, uma vez que a parte e o todo não são as mesmas. Sem dúvida, Ele é mais abençoado se tudo que vê em si mesmo é Ele mesmo, e se Ele nunca está ausente de si mesmo e em todo lugar aparece inteiro para si. Finalmente, a parte colocada em Deus como um substrato, porque pensa si mesmo como informe, não pode se formar. A outra parte que desempenha o papel da forma, não tendo uma existência independente, claramente não pode trazer a si mesma a existência. Assim esse deus composto será formado por alguma forma superior, e essa forma superior será Deus.[29]

---

[28] Ibidem, p. 79 e 81.
[29] Ibidem, p. 81 e 83.

De forma semelhante, Ficino argumentará que há, além da unidade simples, a verdade acima dos anjos e do intelecto. A verdade é superior ao intelecto pelo simples fato de que o intelecto precisa da verdade, mas a recíproca não é verdadeira.[30] A essa altura do texto de Marsílio Ficino já se pode notar qual seu intuito: demonstrar que no mais alto estrato da escala ontológica encontram-se os transcendentais. Todavia, até o momento só se demonstrou a existência da unidade e da verdade, faltando, portanto, expor a bondade.

A bondade, segundo Ficino, é superior ao intelecto em razão de que todas as coisas, quando desejam, se direcionam para a bondade, ao passo que o mesmo não ocorre em relação ao intelecto. Além disso, o filósofo assume que todas as coisas são provenientes da bondade e que, supondo que todas elas retornam à sua origem, elas retornariam, portanto, à bondade de onde elas procedem, e não ao intelecto.[31]

Disso que foi dito até o momento, podemos concluir que Marsílio Ficino recorre aos transcendentais, provando sua necessidade ontológica, para posteriormente denominá-los como essência divina. Dessa maneira, o filósofo prova a existência de Deus por necessidade filosófica e não apenas religiosa. Vemos, então, que sua intenção de unir cristianismo e platonismo, para assim convencer, via razão, as almas corrompidas a retornarem a Deus, já começa a se esboçar.

3.2. Os Transcendentais: Um Limite na Hierarquia Ontológica

Depois de demonstrar, ao final do livro I, que acima dos anjos há unidade, verdade e bondade, Ficino prossegue iniciando o livro II com a seguinte proposição: "Unidade, verdade, e bondade são a mesma coisa, e acima delas não há nada".[32]

---

[30] Ibidem, p. 85.
[31] Ibidem, p. 87.
[32] Ibidem, p. 93.

A primeira afirmação da proposição assume que unidade, verdade e bondade são uma única e mesma coisa na medida em que a simplicidade da unidade lhe confere um caráter verdadeiro, e uma coisa ser boa é consequência dela una e verdadeira.[33]

Em seguida, Ficino expõe a segunda parte da proposição, de acordo com a qual nada se encontra acima dos transcendentais (unidade, verdade, bondade). Então, primeiramente temos que não existe nada acima da unidade porque a unidade é que confere perfeição e poder às coisas, de modo que nada pode haver acima dela na medida em que nada é mais poderoso do que ela.[34] Seria, segundo o filósofo, absurdo supor a existência de algo acima da unidade:

> De fato, se se quisesse algo que estivesse acima da unidade, dois absurdos se seguiriam instantaneamente. Se a unidade estivesse sujeita a um princípio superior, ela certamente participaria desse princípio superior. Porque as coisas inferiores sempre recebem algo das causas superiores. Assim, não seria a unidade propriamente, mas algo composto de unidade, e uma força recebida do alto seria uma pluralidade, não [a] unidade. Em seguida, o que é feito para preceder a unidade não vai participar em qualquer unidade. Porque um princípio superior de sua própria natureza nada recebe de um inferior. Portanto, ele vai ser nada ou uma pluralidade totalmente furtada de qualquer união. Nenhuma de suas partes será alguma coisa, nem a pluralidade como um todo será inteira, nem haverá qualquer comunhão inerente nas partes no que diz respeito a si próprias ou ao todo.[35]

Por argumentos similares, Marsílio Ficino segue afirmando nada existir acima nem da verdade nem da bondade. Se existisse algo acima da verdade não seria a verdade, seria algo verdadeiro

---

[33] Ibidem.
[34] Ibidem.
[35] Ibidem, p. 93 e 95.

por participação na verdade. E, de modo semelhante, também não pode haver nada acima da bondade, uma vez que, se existisse, a bondade não seria a bondade pura, e sim algo bom, que apenas possui bondade, sem, no entanto, ser bondade. Concluímos, então, que nada há acima desses transcendentais, e que juntos eles formam o princípio universal, que é Deus.[36]

Ora, que significa dizer que Deus é o princípio universal? Para entendermos melhor essa questão, é válido recorrer à discussão que Paul Oskar Kristeller faz do conceito de *primum in aliquo genere* no capítulo IX de seu livro.[37]

Em Ficino, o *primum* é aquele que possui a essência do universal e comunica-a aos outros membros do gênero, e Kristeller prossegue em sua argumentação, dizendo:

> Os outros membros são, portanto, relacionados ao universal somente através do *primum*, e uma vez que a qualidade objetiva é concebida quase na forma de qualidade material, a relação lógica também se torna concreta e quase material. Consequentemente, a participação de outros membros no *primum* significa que o *primum* lhes dá, por assim dizer, um pedaço de sua própria qualidade, e, de igual modo, a inerência do universal no particular, que é reservada ao *primum* sozinho, significa a presença objetiva de uma qualidade ilimitada do atributo.[38]

Uma maneira de assimilar, rapidamente, o conceito de *primum* em Ficino é traçando sua origem, o que levaria à compreensão de que ele é o conceito de ideia platônico, minimamente modificado.[39] De fato, a teoria das ideias platônicas funcionará como fundamento para a elaboração do conceito de *primum*. Por exemplo, atributos como "que existe por si mesmo", "puro" e até

---

[36] Ibidem, p. 95.
[37] Paul Oskar Kristeller, *The Philosophy of Marsilio Ficino*. Nova York, Columbia University Press, 1943, p. 146-69.
[38] Ibidem, p. 149.
[39] Ibidem, p. 150.

mesmo a ideia de participação[40] foram assimilados diretamente da ideia platônica para o conceito de *primum*.[41]

Não obstante, Kristeller coloca a ressalva de que há também diferenças entre os dois conceitos, e não apenas similaridades. A primeira delas diz respeito à ideia de participação: a ideia platônica encontra-se distinta essencialmente das coisas que participam dela, ao passo que o *primum* não se distingue essencialmente das coisas que participam dele, a não ser em matéria de grau ou nível.[42]

O conceito de *primum in aliquo genere* poderá aparecer em Ficino sob diversas formas: "a primeira coisa em cada gênero" ou "a coisa perfeita em seu gênero", etc. Em suma, pode-se dizer que o *primum* é a causa de seu gênero.[43] Como veremos posteriormente, a causa primeira é Deus; portanto, é o *primum* por excelência, uma vez que é o *primum* do gênero do ser. É importante que esse conceito esteja claro, porque todas as vezes que aparecer o termo "primeiro" no decorrer desse texto estaremos nos remetendo a essa ideia.

3.3. Uma Defesa Filosófica do Monoteísmo

Após demonstrar que, essencialmente, Deus é unidade, verdade e bondade, Marsílio Ficino fará uma defesa do monoteísmo ao afirmar, no capítulo II do livro II, a proposição "não há uma pluralidade de deuses iguais uns aos outros".[44] De maneira contundente, o filósofo abre a demonstração da proposição afirmando que "obviamente não existe uma pluralidade de deuses, porque não pode haver uma pluralidade de [primeiros] princípios".[45] De fato, é evidente que, se Deus é o

---

[40] Sobre a qual já falamos no capítulo anterior.
[41] Paul Oskar Kristeller, op. cit., p. 150.
[42] Ibidem.
[43] Ibidem, p. 155.
[44] Marsílio Ficino, op. cit., p. 97.
[45] Ibidem, p. 97.

primeiro princípio, só pode haver um Deus exatamente porque só pode existir um princípio primeiro. O leitor espera que o filósofo então encerre e prossiga para a próxima proposição; no entanto, isso não ocorre.

Ficino propõe um exercício de ficção filosófica, por assim dizer, apenas pelo bem do argumento, como ele mesmo coloca.[46] O exercício consiste em imaginarmos que existam dois deuses gêmeos que são os princípios (supondo que possa haver mais de um princípio) de tudo, chamados A e B. A primeira pergunta que o filósofo se faz é se há alguma relação de subordinação entre ambos ou se eles são iguais.

Há duas opções do que se pode concluir sobre A e B, dependendo justamente do que se responde a essa pergunta: a primeira é que, se existe a relação de subordinação, então um está acima do outro, e este que é o dominante é o princípio, enquanto o subordinado não é; a segunda é que, se não há subordinação e eles são iguais, devemos indagar se eles são totalmente diferentes ou totalmente iguais, ou se suas semelhanças e diferenças são apenas parciais. Logicamente, a primeira hipótese é inadmissível, uma vez que é impossível que sejam totalmente diferentes se ambos partilham a semelhança de existirem, agirem e serem apontados como princípios universais. A segunda opção é igualmente inadmissível, visto que se fossem totalmente iguais não existiram dois princípios, e sim apenas um.[47] A terceira suposição, a saber, a de que possuem igualdade e diferença parcial, nos levaria ao fato de que haveria em A e B uma natureza comum que os faz concordar, e duas naturezas particulares acima dessa natureza comum, segundo a qual eles discordariam. Assim, pode-se depreender que A e B não seriam simples por possuírem naturezas compostas, tampouco seriam denominados primeiros porque dependeriam de algo para unir neles suas naturezas. Somente a natureza comum a ambos é que seria o princípio, e não os dois

---

[46] Ibidem.
[47] Ibidem.

deuses gêmeos; ou, ainda, aquilo que conferiu essa natureza a eles seria princípio, e não A e B.[48]

Marsílio Ficino continua sua exposição afirmando que só pode existir um Deus por três argumentos emprestados dos platonistas que discriminaremos a seguir. Esses argumentos serão precisamente a presença dos transcendentais unidos formando a substância de Deus. Assim, o primeiro consiste no fato de que Deus é a maior unidade:

> Pois se o que é o maior é o único, o que poderia ser mais único do que a maior unidade? Cada pluralidade particular de objetos inumeráveis é trazida de volta à sua própria unidade: a pluralidade dos seres humanos a uma única espécie humana, a de cavalos para espécie equina, e assim por diante. Considere todas essas unidades particulares, que estão vinculadas por um certo número, isto é, considere as espécies das coisas e recolha-as a uma unidade comum, ou seja, Deus, o senhor das espécies, a fim de que, assim como pluralidades infinitas de entidades individuais podem ser trazidas de volta para as unidades finitas de suas espécies, assim também as unidades finitas das espécies podem ser trazidas de volta para a unidade original acima das espécies. É conveniente que, assim como cada ordem particular das coisas pode ser levada de volta ao seu próprio princípio, assim também a ordem universal das coisas pode ser levada de volta ao único princípio universal.[49]

O segundo argumento de só haver um Deus é porque Ele é verdade e a mais alta verdade só pode ser uma.[50] E, ainda, o terceiro argumento: é fato de Deus ser a mais alta bondade. O segundo e o terceiro argumentos se desenvolvem de forma semelhante; em ambos os casos se aplica a impossibilidade

---

[48] Ibidem, p. 97 e 99.
[49] Ibidem, p. 101.
[50] Ibidem, p. 103.

de haver mais do que uma suprema verdade ou bondade pelo simples fato de que, se houvesse outra, não poderia ser classificada como suprema.[51]

3.4. A Onipotência Divina

Para além da definição essencial de Deus, Ficino estabelece outras proposições acerca de sua natureza. A primeira delas encontra-se no capítulo IV do Livro II e diz que "o poder de Deus é ilimitado".[52] Essa onipotência divina deriva precisamente de sua unidade, já que se "a extrema dispersão leva à debilidade infinita, então na mais alta unidade habita poder infinito. Sendo Deus puro ato, sua natureza é ilimitada por definição em virtude de subsistir em si mesmo".[53]

A segunda proposição é consequência direta da primeira e afirma que "Deus é eterno".[54] Ora, ela segue a primeira, pois, de acordo com Ficino, quanto mais forte o poder que faz algo perdurar, mais tempo essa coisa permanece. Temos, portanto, que:

> Se assim for, então Deus, pelo seu infinito poder, perdura a si mesmo e preserva todas as coisas para o infinito. A verdade divina precede o começo das coisas e sucede o fim de cada uma. Porque era verdade antes de cada início de que haveria um início, e ainda será verdade após cada fim de que houve um fim. Mas o que é verdadeiro a qualquer momento é verdadeiro por causa da verdade. Mas se a verdade é dita ter começado em um determinado momento, então muito antes, por causa da mesma verdade, era verdadeiro que a verdade iria começar em um determinado momento. E se supusermos que chega ao fim, mesmo depois disso, em virtude da mesma verdade, será verdadeiro que

---

[51] Ibidem, p. 103 e 105.
[52] Ibidem, p. 113.
[53] Ibidem.
[54] Ibidem, p. 117.

a verdade tenha chegado ao fim. Porque não se pode nunca pensar na verdade como tendo início ou final. Novamente, se Deus existe totalmente além de movimento e tempo, Ele não sustenta mudança no tempo e se transforma no que diz respeito ao ser e não ser de um estado anterior para um estado posterior. Se Deus é ser absolutamente necessário, Ele nunca poderia não ter sido e Ele não pode nunca não ser. Finalmente, se algo é nascido em algum momento, vem de algo anterior, e o que quer que dissolva se dissolve em algo mais antigo. O que é primeiro não pode ter começado e não pode acabar.[55]

E a terceira proposição, que segue a segunda, é que "Deus é onipresente".[56] Para Ficino essa proposição pode ser demonstrada pelo fato de que, assim como o corpo causa um impacto espacial em razão de suas dimensões, do mesmo modo ocorre com uma substância incorpórea, só que o impacto se dá em razão não de suas dimensões, mas sim de seu poder. Assim, de acordo com o filósofo, podemos concluir que, caso houvesse um corpo com dimensões infinitas, ele estaria presente em todos os lugares; no entanto, isso não ocorre porque não existe tal coisa. Todavia, nas substâncias incorpóreas o mesmo não procede, visto que, nesse caso, existe sim um poder infinito. Logo, se existe, existe em toda parte.[57] Ficino acrescenta:

> Nada impede Deus de penetrar tudo, pois nada resiste a pureza e poder infinitos. Deus sustenta em relação a si mesmo nenhum limite espacial, tal como sustenta por si próprio nenhum limite de classificação. Pois se a maior infinidade sustenta nada finito, então Deus não tem presença finita no espaço, assim como ele não tem poder, ação, ou duração finitos.[58]

---

[55] Ibidem, p. 117 e 119.
[56] Ibidem, p. 121.
[57] Ibidem.
[58] Ibidem.

3.5. Um Deus Generoso

Marsílio Ficino abre o capítulo VII do livro II retomando seu percurso até ali: o filósofo já demonstrou que Deus existe,[59] que é o primeiro, único e infinito em poder, duração e extensão.[60] O passo seguinte é mostrar que, em virtude das proposições antecedentes já provadas, Deus não só mantém e move tudo, como também faz tudo em todas as coisas.[61] Vejamos como ele expressa a argumentação dessa proposição:

> Se Deus é absolutamente unidade simples, e se essa unidade sendo a mais elevada é uma e só na natureza, tudo que é diferente de Deus é múltiplo e composto. Mas toda multiplicidade provém da unidade e toda composição da pureza das coisas simples. Se Deus é a verdade mais elevada, e nada pode existir sem a verdade (...) então todas as coisas provêm de Deus. Se Deus é o bem maior e a bondade pela sua própria natureza comunica a si mesma inteiramente, então Deus dá a si mesmo a todas as coisas.[62]

Marsílio Ficino continua afirmando que Deus é pureza plena e, por isso, estabelece-se como líder comum de tudo. Assim, se Ele é o líder comum, o que há de comum a tudo veio d'Ele, ou seja, isso que é comum a tudo foi presente divino.[63] Como vimos no capítulo 2 deste livro, quando discutíamos ontologia, é precisamente o ser que é comum a todos. O ser depende inteiramente de Deus uma vez que somente Deus existe por si mesmo:[64]

> O que depende de algo fora de si mesmo necessariamente não existe por si mesmo. A necessidade de ser,

---

[59] Ver o tópico 3.
[60] Ver tópicos 3.1 a 3.5.
[61] A proposição é a seguinte: "Deus move e preserva tudo e faz todas as coisas em tudo". Ibidem, p. 133.
[62] Ibidem, p. 133.
[63] Ibidem, p. 135.
[64] Ibidem, p. 133 e 135.

portanto, não são os anjos ou qualquer outra coisa senão Deus apenas. Logo, se nada que não Deus existe, necessariamente, por si mesmo, tudo tem o ser a partir de Deus.[65]

Com o propósito de deixar essas noções mais claras, Ficino recorreu a uma analogia entre a arte e a natureza para explicar a relação entre a natureza e Deus.[66] Os trabalhos de arte permanecem existindo pelo tempo que sua natureza permitir; por exemplo, o tempo que uma estátua durará depende da solidez da pedra ou do bronze de que ela foi feita. De igual modo acontece com os seres naturais: eles duram enquanto são preservados por Deus. A natureza dá movimento àquilo que ela produz, e Deus dá ser à natureza. Tudo que a natureza produz se move enquanto a natureza continuar os movendo, e a natureza existirá pelo tempo que Deus a mantiver existindo.[67] Em suma, só há duas maneiras de se existir: ou se existe por si mesmo, ou se deve a existência a uma causa externa. Vimos que apenas Deus existe por si mesmo, o que, portanto, faz que todo o resto dependa d'Ele como causa para existir. A esse respeito, afirma Ficino:

> Corretamente que nós chamamos essa causa de Deus. Somente Ele faz alguma coisa inteira: Ele não é obrigado, Ele não precisa da ajuda de outrem e tampouco precisa emprestar material de qualquer outro lugar. Mas todas as coisas são obrigadas a depender totalmente d'Ele como devem depender de um corpo. Uma vez que a causa é seu efeito todo, e já que o efeito, se nós o comparamos com a substância da causa, é algo ilusório e vazio ao invés de substancial, então o efeito, sendo vazio, continuamente precisa da assistência da causa, e a causa, que realiza o todo, preserva o todo. Se comparamos o mundo a Deus, o finito ao infinito, é mais

---

[65] Ibidem, p. 137.
[66] Ibidem, p. 139.
[67] Ibidem.

vazio e sombrio que a sombra finita do corpo finito em comparação ao corpo.[68]

3.6. A Vontade Divina

No capítulo XI do livro II, Marsílio Ficino iniciará a discussão do problema da vontade divina com a seguinte proposição: "Deus possui vontade e realiza todas as ações externas a Si mesmo por meio de sua vontade".[69]

Ficino nos diz que toda causa age através de alguma forma e assim produz um efeito, o qual será, em alguma medida, similar à forma. Sendo Deus a causa primeira de tudo, temos de assumir que necessariamente possui as formas de tudo n'Ele. No entanto, resta a indagação do que leva Deus a agir,[70] e Ficino demonstrará como e por que Deus age por meio de cinco provas:

> a) *A primeira prova*: Deus criou todas as coisas. Todavia não podemos supor que tenha agido por meio de uma diversidade de formas, uma vez que, se assim fosse, Deus seria uma causa composta e múltipla; mas, como já vimos anteriormente, isso não procede porque Deus deve ser, necessariamente, o mais simples,[71] no sentido de não possuir multiplicidade alguma. Assim se segue que em Deus as formas estão reunidas em uma só. Para esclarecer esse ponto, vejamos o que o próprio Ficino escreveu:
>
>> Os efeitos são encontrados em vigor em causas superiores a si mesmos de uma maneira superior à maneira que existe em si mesmos. Assim, na mais elevada causa, eles são encontrados em vigor na maneira mais elevada possível. Mas uma vez que os

---

[68] Ibidem, p. 141.
[69] Ibidem, p. 163.
[70] Ibidem.
[71] Ibidem.

efeitos de Deus são em si mesmos substâncias, eles não podem existir em Deus como acidentes de forma alguma. No entanto, as substâncias não existem em Deus como muitas. Portanto, elas são todas uma só, são Sua própria substância, já que tudo deve ser encontrado em Deus da mais perfeita forma possível, e tem de estar em perfeita união tanto com Deus quanto consigo mesma. Em Deus elas não podem ser de uma forma mais sublime, ou mais sublimemente unidas tanto com Ele quanto entre si, que sendo Deus em si mesmo Deus. Então, em Deus as formas universais não se diferenciam em termos de natureza, não são formas pelas quais, como que por alguma necessidade natural, Ele seria impelido a agir, como um fogo a queimar.[72]

b) *A segunda prova*: "A natureza de uma coisa é um tipo de forma ou um poder limitado de produzir um determinado resultado".[73] Na natureza e em Deus a produção desse resultado acontecerá de maneira diversa. Usemos o exemplo que Ficino nos dá: o do fogo. A natureza quente do fogo produz um único resultado que é o efeito do calor. A única variação é a temperatura em que o calor queimará um ou outro material, mas essa nada tem de ver com o fogo enquanto o agente do efeito, e sim com as determinações do material em questão. Assim, a natureza só produzirá uma diversidade de efeitos quando houver a presença de diferentes materiais ou diversos meios, mas, se privarmos a natureza desses materiais ou meios, o efeito será, senão sempre o mesmo, ao menos similar. E quando houver a presença ou dos materiais ou dos meios, a natureza não tem como não produzir o efeito, ou seja, ela age por necessidade interna de agir.[74] Já no que se refere a Deus, o oposto ocorre:

---

[72] Ibidem, p. 165.
[73] Ibidem.
[74] Ibidem, p. 167.

Somente Deus cria a matéria-prima dos corpos e quantas essências da mente e almas racionais for possível sem um intermediário ou substrato. Estas diferem muito umas das outras e são mutuamente separadas por muitos graus de perfeição. Não é de surpreender que Deus, sendo o agente principal, tenha tanto senhorio sobre sua criação que Ele mesmo pode trazer as formas à existência, colocá-las em ordem e diferenciar um grau do outro. Mas nenhum outro agente produziria menos ou poucos variados efeitos que Deus, ou então Deus iria fazer só uma coisa, se Ele agisse apenas por meio de uma natureza sem adornos, a natureza divina de ser a mais simples de todas. Portanto nenhum [mero] instinto natural obriga Deus a agir.[75]

c) *Terceira prova*: Em Deus sua natureza e seu entendimento são a mesma coisa. Uma vez que Deus é a causa primeira e universal, Ele age através de sua própria natureza intelectual e de entendimento. Tanto a atividade intelectual quanto a atividade natural Lhe são próprias pela razão mesma de serem atividades idênticas em Deus.[76]

d) *Quarta prova*: Uma natureza qualquer procura os bens particulares ao passo que uma natureza intelectual procura os bens universais. Se fôssemos comparar as causas que agem através dessas naturezas estaríamos fazendo a mesma comparação caso se tratasse de uma causa particular em relação a uma causa universal. Na medida em que Ele é intelectual, Deus age através de sua natureza intelectual.[77]

e) *Quinta prova*: Marsílio Ficino afirma que "o tipo de atividade que melhor corresponde a Deus é aquela que não

---

[75] Ibidem.
[76] Ibidem, p. 169.
[77] Ibidem.

debilita sua imutabilidade ou sua simplicidade. Essa é, acima de tudo, a atividade da mente".[78] O mundo possui uma ordem que não poderia ter sido estabelecida pelo acaso, e, portanto, sua forma precisa existir necessariamente no entendimento de seu criador, à semelhança de quem esse mundo foi feito. Se consideramos que a ordem do universo é de suma importância para o plano divino, então a ideia de ordem no universo será fundamental. Entretanto, não se pode conceber o princípio racional de ordem do universo e o todo sem antes conceber os princípios racionais que compõem cada parte desse todo. Adequadamente, os princípios racionais estão todos em Deus.[79]

Até o momento, Ficino estabeleceu que a causa primeira – Deus – produz seus variados efeitos através da estrutura múltipla de sua sabedoria e não por meio de impulso de sua natureza. Contudo, de acordo com o escopo original presente na proposição, é patente que o filósofo demonstre que, quando Deus produz esses efeitos fora de si, ele não o faz somente através de seu entendimento; ele o faz através de seu entendimento *apenas* se sua vontade consentir. Mais uma vez, ele utilizará uma trajetória composta de cinco provas para explicar a questão:

a) Primeira prova: por meio de si mesma, a causa primeira guia tudo o mais para o melhor fim e o faz pelos caminhos mais diretos e da melhor maneira. Deus (a causa primeira) não pode fazer isso sem ser pelo seu intelecto, que é o único capaz de antever o fim, de discernir os caminhos e maneiras. Mas de igual modo necessita de sua vontade, pois, do contrário, não poderia aprovar o fim e tampouco escolher qual o caminho e a maneira mais apropriada.[80]

---

[78] Ibidem.
[79] Ibidem, p. 171.
[80] Ibidem, p. 173 e 175.

b) Segunda prova: Qualquer coisa que exista desejará o bem que lhe falta. Afirma Ficino:

> A natureza, os sentidos e o intelecto todos desejam o bem ausente e abraçam o bem presente. A natureza desprovida de sentidos o faz inteiramente por meio de alguma inclinação, enquanto os sentidos o fazem pelo desejo e o intelecto, pela vontade. Portanto, uma vez que Deus é – para falar como um aristotélico – o ser primeiro, quem pode negar que o intelecto divino abraça livremente o seu próprio bem presente, que é todo o bem, através da vontade? Assim como Deus, em sua própria verdade, vê todas as coisas verdadeiras que são feitas verdadeiras através da verdade iluminando-as, então, em sua própria bondade Ele quer todas as coisas boas que nasceram boas pela propagação da bondade e pelo aperfeiçoamento delas. Mas a mente molda todos seus feitos pela vontade ao invés da visão. Pois pela visão exprime as formas dentro de si, enquanto pela vontade as desdobra para fora. Pela visão contempla a verdade cuja propriedade é a pureza, enquanto pela vontade atinge o bem cuja propriedade é [sua] difusão.[81]

c) Terceira prova: O conhecimento proveniente dos sentidos e do intelecto não produz efeito substancial pelo simples fato de que está presente nas coisas criadas. Só é possível que produza um efeito substancial por meio de uma afecção. Assim, quanto mais afetada for a vontade, com maior potência agirá.[82]

d) Quarta prova: A vontade é uma inclinação da mente para o bem, e onde não houver o bem a mente não encontrará deleite. A razão disso é que o deleite se configura justamente como o alcance e repouso da vontade no bem. Se assim não fosse, se o deleite não estivesse onde

---

[81] Ibidem, p. 175.
[82] Ibidem, p. 177.

o bem está, não haveria deleite algum. Portanto, deleite e vontade estão no bem, propriamente.[83]

e) *Quinta prova*: Todos os agentes, independente de serem agentes naturais ou artificiais, fazem seu trabalho com um propósito em mente, isto é, almejam um fim. Esse fim é o bem. Nas palavras de Ficino, o bem direciona seus trabalhos para o melhor dos fins. Bens particulares, por serem bens e por serem ordenados pelo sumo bem, ordenam coisas individuais para um bem particular. De igual forma, o bem universal direcionará todas as coisas para o bem universal, ou seja, o que Ficino procura explicitar é que, em suma, Deus atrai todas as coisas para si mesmo como fim,[84] e prossegue:

> O fim é algo bom e move a causa em movimento. Mas nada pode pertencer à mesma ordem de Deus exceto Deus. Deus não é escravo do bem fora de Si mesmo. Pois o bem universal nunca é escravo de um bem particular. Além disso, Deus não é movido por outrem. Se a finalidade de Deus é sua própria bondade, Deus à sua própria maneira deseja e ama sua própria bondade. Mas uma vez que Deus é intelectual e sua bondade é inteligível, Ele a ama com um amor intelectual. Esse amor envolve a vontade. Deus, portanto, quer a Si mesmo. Ele quer a Si mesmo como seu próprio fim e como o fim de tudo mais. Mas a atividade em relação às coisas que são direcionadas para o fim salta da vontade para o fim. Então, a vontade divina, como diz Platão no *Timeu*, é o início de todas as coisas criadas.[85]

Logo, podemos concluir que Deus age criativamente não para suprir necessidade alguma de sua natureza ou entendimento. Deus cria as coisas por imposição da sua vontade.

---

[83] Ibidem.
[84] Ibidem, p. 177 e 179.
[85] Ibidem, p. 179.

3.7. Um Deus Livre e Necessário

Chegamos à última proposição que analisaremos nesta obra, a saber, a proposição do capítulo XII do livro II, a qual estabelece que "A vontade divina é ao mesmo tempo necessária e livre e age livremente".[86] Marsílio Ficino demonstrará a necessidade e a liberdade concomitantes na vontade divina por meio de nove provas. Vamos a elas:

a) *Primeira prova*: Ficino aconselha seu leitor a tomar extremo cuidado para não supor que Deus age e existe por acaso:[87]

> Se nada nunca é ou faz por acaso o que é e faz naturalmente – fogo, por exemplo, não acontece por acaso, mas é quente e faz as coisas quentes por necessidade – mas se é natural para o ser mais elevado ser e para o ato mais elevado agir, então, segue que Deus que é o ser mais elevado (mais do que ser) e o mais elevado ato, não pode ser ou agir de maneira contingente de forma alguma. Se há menos acaso onde há mais razão nada pode se supuser ser fortuito em Deus, que é a razão mais elevada e a fonte da razão. Se o acaso não produz razão, uma vez que é o contrário da razão, (...) como produzir a Deus ou a qualquer ação divina superior a qualquer outra razão?[88]

> Portanto, Deus não existe e age por acaso, pois caso isso fosse verdade não haveria ordem no mundo.[89] Deus existe e age como é necessário, e, mais ainda, Deus é Ele mesmo necessidade. E como em Deus a necessidade não está sujeita a necessidade, é, igualmente, a mais alta liberdade.[90]

---

[86] Ibidem, p. 181.
[87] Ibidem.
[88] Ibidem.
[89] Ibidem.
[90] Ibidem, p. 183.

b) Segunda prova: Se o estímulo do bem se configura nos seres individuais como a maior necessidade e, ainda assim, como a coisa mais espontânea, podemos afirmar que tanto a mais alta necessidade da natureza quanto a mais alta liberdade coincidem no bem propriamente.[91]

c) Terceira prova: Enquanto alguma coisa não tem quase bem algum, ela é pouco prazerosa a si mesma e quer algo além de si mesma. Mas a partir do momento em que passa a participar do bem, ela se torna prazerosa a si mesma, deseja a si mesma, e é tal qual gostaria de ser. E Ficino conclui: "Assim, o bem em si é eminentemente de tal ordem que o que mais quer é a si e é agradável a si mesmo, e é totalmente tal qual ele quer ser".[92]

d) Quarta prova: O grau de independência de uma coisa é diretamente proporcional à sua posição em relação a Deus. Assim, quanto mais perto algo estiver de Deus, mais independente se torna. Deus é independência em seu mais alto grau, uma vez que Ele deseja as coisas tal como Ele é em si mesmo e que é pleno da forma como deseja ser.[93]

e) Quinta prova: Em Deus, o ser, o entendimento e a vontade são idênticos. Logo, Ele é composto essencialmente de seu entendimento e de sua vontade. E isso de tal forma que Ele não só é o que é como também entende a si mesmo em sua própria natureza. Não obstante, Ele entende e existe apenas como Ele quer. Ficino recorrerá a Plotino para esclarecer essa questão:

> Plotino explicou isso mais ou menos da seguinte forma: Deus é ato, não de outro, não por outro, mas de Si mesmo e para Si mesmo. Pois Ele é ato restante dentro de si. Mas porque esse ato é infinitamente abundante por conta da natureza do infinito bem,

---

[91] Ibidem.
[92] Ibidem.
[93] Ibidem, p. 183 e 185.

não tem falta do que é deliberado, produzido, em outras palavras, e que é infinito. Mas uma vez que um ato interno tem um produto interno, e uma vez que somente Deus é infinito, o que daí agiu, isto é, o que é produzido, está dentro de Deus, na verdade é o próprio Deus. Deus é ato que não dorme e perpétuo, a partir de si mesmo, em si mesmo e totalmente com relação a si mesmo.[94]

O que se pretende concluir é que Deus não é o que é por acaso ou movido por necessidade, Ele é o que é enquanto age e quer.[95]

f) Sexta prova: Marsílio Ficino abre sua sexta prova da seguinte maneira:

A bondade divina é o único objetivo da mente divina. Pois uma faculdade pode se igualar aos seus objetos mas não pode excedê-los. Mas nada existe fora de Deus que Deus não possa exceder. Deus quer a si mesmo com uma necessidade absoluta de sua vontade. Pois todas as coisas querem necessariamente seu fim último. A bondade divina é o fim último de Deus, e para o seu bem Ele quer tudo o que Ele quer.[96]

A partir dessas afirmações, podemos chegar a duas conclusões. A primeira seria a de que Deus nada deseja e não possui preferência alguma, o que seria absurdo. A segunda é a de que, se Ele deseja, Ele deseja necessariamente a si mesmo, ainda mais se recordarmos que, em Deus, ser e querer são coincidentes. Ao desejar a si mesmo deseja por consequência todas as demais coisas que estão em Deus e que são o próprio Deus. Não obstante, na medida em que essas coisas emanam de Deus, elas refletem a imagem do semblante divino e são

---

[94] Ibidem, p. 185.
[95] Ibidem, p. 187.
[96] Ibidem.

arranjadas de modo a confirmarem a bondade divina, que é seu principal objetivo.[97]

g) *Sétima prova*: Ficino prossegue afirmando, no início da sétima prova, que Deus, ao querer Sua própria bondade, quer também outros bens por nenhuma razão a não ser como imagens de Si mesmo. Para o filósofo, essa é a confirmação do que fora dito na sexta prova. Todavia, a bondade de Deus tem um caráter peculiar: é incomensurável. Isso levaria a possibilidade de incontáveis imagens. Caso se concluísse que, partindo do fato de que Deus deseja sua própria bondade, Ele necessariamente desejaria que existissem objetos que imitassem sua bondade, o que se seguiria seria que Ele acabaria desejando que inúmeras criaturas existissem para que elas pudessem representar a bondade divina de maneiras infinitas.[98] E diz, encerrando a prova:

> Mas se Ele assim quisesse, então eles existiriam. Devemos lembrar, nesse ponto, no entanto, que o nosso divino Tomás de Aquino, o esplendor da teologia, era da opinião de que embora o ato da vontade divina, em termos de uma determinada posição ou condição, possa ser dito como um querer necessariamente esta ou aquela coisa (depois de Deus ter querido uma vez, isto é, uma vez que a vontade divina é tão imutável quanto a essência divina), ainda assim, Deus em sua própria natureza não tem essa relação de absoluta necessidade no que diz respeito aos seus efeitos, como Ele tem com relação a si mesmo.[99]

h) *Oitava prova*: De acordo com Ficino, se assumimos que Deus é causa perfeita de uma determinada entidade, e que essa entidade é um efeito de Deus, os atos divinos podem se espalhar até onde a potencialidade da entidade

---

[97] Ibidem.
[98] Ibidem, p. 189.
[99] Ibidem.

em questão pode também. A pergunta que resta é: o que pode ser considerado parte ou não da potencialidade de uma entidade? O filósofo afirma que qualquer coisa que não inclua uma contradição pode ser incluído na potencialidade de uma entidade,[100] e adverte ao leitor:

> Qual o objetivo disso? Ajudar você a compreender que o que não inclui contradição está sujeito ao poder divino. Ajudar você a perceber também que [em primeiro lugar] uma vez que muitas coisas não existem naturalmente, e ainda, se existissem, elas não envolveriam contradições (como é particularmente óbvio no caso do número e tamanho das estrelas e a distância entre elas), que muitas coisas estão contidas sob o poder divino que estão longe de serem encontradas na ordem da natureza; e [em segundo lugar], uma vez que Deus faz e não faz apenas algumas das coisas em seu poder de fazer, que Ele assim o faz pela livre escolha de sua vontade, e não por qualquer necessidade ou de Sua natureza, ou de Seu entendimento, ou de Sua vontade.[101]

i) *Nona prova*: Por fim, Marsílio Ficino dá a última prova da proposição inicial: Deus age segundo uma escolha.[102] Todos os agentes que agem movidos por outra coisa que não eles mesmos são levados de volta a esse agente primário que os move. Esse agente primário age através de si mesmo de tal maneira que pode levar a si mesmo à ação, e assim retorna plenamente sobre si mesmo e sobre sua própria ação. Por isso, entende e deseja agir ou não. As ações que provêm de Deus desse modo são o resultado de uma escolha essencialmente livre. Todavia, vale destacar que, em Deus, sua escolha e sua essência são a mesma coisa.[103]

---

[100] Ibidem, p. 189.
[101] Ibidem, p. 191.
[102] Termo do próprio Ficino, no original, em inglês, *choice*. Ibidem, p. 191.
[103] Ibidem, p. 191.

4. Deus é Perfeito

Nesta parte final de nosso livro, nosso escopo será o de apresentar um comentário realizado por Paul Oskar Kristeller, que, em alguma medida, sintetiza os principais pontos de tudo o que foi exposto até aqui. Recordamos ter observado no início deste texto de que não recorreríamos, amiúde, aos comentadores de Ficino pela razão de que a questão de Deus não alcançou ainda a atenção dos *scholars*. Realmente, reiteramos nossa posição. Todavia, pensamos ser de grande contribuição para nossa empreitada o comentário de Kristeller, e por isso o apresentaremos. Optamos por deixar o comentário para o final e destacado do restante do texto principalmente para que o leitor pudesse ter contato com o texto direto de Marsílio Ficino e, assim, acompanhasse seu movimento e dinâmica sem interferência alguma de uma reflexão externa. Contudo, nessa altura de nossa exposição essa atitude já não se faz mais necessária.

Para Paul Oskar Kristeller, o conceito de Deus pode ser depreendido do conceito de perfeição; em outras palavras, por meio da discussão sobre a perfeição do mundo chega-se, necessariamente, ao conceito de Deus.[104] Tendo em mente tudo o que já foi analisado até o momento, o que inclui tanto conceitos quanto proposições, não deverá ser difícil entendermos o percurso e a argumentação de Kristeller.

Partindo de uma premissa teológica de que o mundo foi criado por Deus, Kristeller afirma que o mundo, portanto, não poderia ser considerado nem mal nem necessário. Resta considerá-lo a criação perfeita de um criador igualmente perfeito. Deus derrama-se a si mesmo em ato criativo por sua própria vontade, e, desse modo, todas as coisas criadas devem, em certa medida, serem boas e perfeitas tal como Ele é. Percebe-se, sem dificuldade, que a partir da teoria da criação, tanto o conceito de perfeição quanto o conceito de

---

[104] Paul Oskar Kristeller, op. cit., p. 63.

bondade recebem uma justificativa e importância ontológica, não apenas teológica.[105]

Como vimos ocorrer muitas vezes ao longo do texto apresentado de Ficino, ele se refere a Deus por diversos vocábulos. Os mais recorrentes são "o bem em si mesmo" e "bondade infinita". Deve ficar claro que, quando Ficino utiliza os termos "bondade" ou "bem", o que ele tem em mente não é a intenção de expressar uma atitude moral atribuída a Deus. O propósito é expressar que Deus é detentor de uma perfeição infinita e, por isso mesmo, inclui em si todo bem.[106] Kristeller prossegue em sua argumentação, afirmando:

> A perfeição do mundo corresponde à perfeição de Deus. Uma vez que o mundo é feito de substâncias objetivas, sua bondade e perfeição aparecerá primeiramente nas coisas individuais. A perfeição de uma coisa não é apenas um valor abstrato acrescentado de fora para seus outros atributos, é a conclusão e realização de sua essência particular. Esse significado é indicado na origem da palavra latina *perfectum*, que significa simplesmente "trabalhado", "perfeito". Em Ficino o significado original do termo ainda é reconhecível (...). Assim, para dar um exemplo óbvio, um organismo é perfeito na medida em que é plenamente crescido e assim traz sua própria espécie e substância à realização plena. No mesmo sentido, pode se dizer que cada coisa é impelida a agir pelo impulso que tem de propagar sua própria perfeição e as entidades mais elevadas são as mesmas a ganhar maior distribuição com a abundância de sua perfeição. Não é um mero valor que induz as coisas a agir e assim ganhar distribuição, mas é a plenitude de seu ser particular.[107]

---

[105] Ibidem, p. 61.
[106] Ibidem.
[107] Ibidem, p. 63.

Logo, a perfeição de uma coisa está diretamente relacionada com o seu ser. Segue-se disso, se recordarmos que o ser é o que há de comum a todos e procede, exclusivamente, de Deus, que as coisas recebem seu ser e sua perfeição de uma mesma e única fonte: Deus.[108]

Influenciado pelos neoplatônicos, Ficino separa gênesis e perfeição em atos particulares, uma vez que cada coisa procede de sua causa e a ela tem o propósito de retornar. A conclusão é que o caráter perfeito de uma coisa não é algo dado juntamente com sua existência, é algo almejado, e, na medida em que todas as coisas têm o objetivo de adquirir plenitude de ser (em outras palavras, retornar à sua causa), quanto mais se aproximam de alcançar esse objetivo, tanto mais perfeitas se tornam.[109]

Da mesma maneira ocorre com a bondade, também concebida em sentido ontológico:

> Bondade, portanto, não é um valor externo, mas está contida na unidade e pureza da respectiva substância. No entanto, na relação entre o ser e a bondade um contraste parece que já estava implícito no conceito de perfeição. Pois a difusão universal do bem no mundo baseia-se essencialmente no fato de que todas as coisas se esforçam para o bem. Mas uma vez que a satisfação vem somente após o desejo, a bondade não acompanha a existência das coisas, mas só é preparada. Por outro lado, uma parte do bem já existe no mero desejo, e assim o bem é colocado corretamente entre os três *transcendentia*, cujos traços são encontrados em todas as coisas. Do ponto de vista do desejo, o bem é, portanto, desde o início ligado a existência de todas as coisas e confirma sua origem em Deus, bem infinito.[110]

---

[108] Ibidem.
[109] Ibidem, p. 64.
[110] Ibidem.

Evidente que essa questão, tal como exposta, levantaria a que lhe é paralela: o problema do mal. Entretanto, não abordaremos esse problema por razões de espaço e também porque nos desviaríamos de nosso objeto.

Para concluir, concordamos com Kristeller quando ele diz que nessa discussão em que se envolvem os conceitos de perfeição, bondade e Deus, as concepções ontológicas são levadas às últimas consequências. Não obstante, também é possível perceber um movimento circular na reflexão: o que surge como premissa no começo retorna como conclusão ao final; a realidade encontra o fundamento e a justificativa de sua existência no bem, esse bem surge como causa suficiente tanto da realidade quanto do que é apenas possível, na medida em que Deus é o autor de todo bem no mundo enquanto realidade, Sua bondade perfeita também é a causa de Sua própria existência perfeita.[111]

---

[111] Ibidem, p. 73.

Considerações Finais

Só há um Deus e esse Deus é o Ser; é essa a pedra angular de toda filosofia cristã, e não foi Platão, não foi mesmo Aristóteles, foi Moisés quem a colocou.[1]
Étienne Gilson

Percorremos um longo trajeto até aqui. Iniciamos nosso percurso, no primeiro capítulo, com uma explanação que visava ambientar histórica, filosófica e religiosamente o período no qual nosso autor se insere e que foi denominado Renascença. Apresentamos a controversa questão do conceito de humanismo, expomos um panorama das escolas filosóficas do Renascimento e inserimos Marsílio Ficino nesse ambiente enquanto filósofo platônico.

No segundo capítulo, tratamos de certos aspectos biográficos de Ficino que julgamos fundamentais à compreensão da formação de seu pensamento; entre os fatos em que nos detemos, destacamos a amizade com Cosme de Médici, que não apenas o incentivou intelectualmente como também forneceu os meios financeiros que viabilizaram seu trabalho de tradutor e comentador. No mesmo capítulo, recuperamos a discussão de a existência da Academia Platônica de Florença

---

[1] Étienne Gilson, *O Espírito da Filosofia Medieval*. São Paulo, Martins Fontes, 2006, p. 69.

ser ou não legítima, além de abordarmos, de maneira geral, o platonismo de Marsílio Ficino. Na segunda parte do capítulo dois, fizemos uma discussão ontológica cujo propósito foi fundamentar teoricamente o conceito de Deus em Ficino. Analisamos nesse ponto os conceitos de ser, de pensamento, de hierarquia dos entes e de causalidade.

Por fim, no terceiro capítulo, apresentamos primeiramente o ambiente teológico no qual Ficino se encontrava e, assim, passamos à apresentação dos aspectos teológicos de seu pensamento: teoria do pecado, redenção, cristologia e visão de homem. Na segunda parte desse capítulo final, nos dedicamos a expor o conceito de Deus tal como o próprio Marsílio Ficino o expôs no livro II de sua *Teologia Platônica*. E concluímos, entre outras coisas, que o Deus de Ficino é o Ser.

Cumpre, agora, desenvolver melhor nossa conclusão. Teremos como apoio e referência teórica o filósofo Étienne Gilson e sua concepção de filosofia cristã. Lembremos aqui que todo o escopo de nosso texto foi verificar se Marsílio Ficino não haveria paganizado o cristianismo ao tentar conciliá-lo ao platonismo. Para tanto, o procedimento consistia em verificar se o conceito de Deus em sua filosofia permanece como o do Deus cristão; caso o Deus de Ficino não fosse o Deus cristão, a hipótese da paganização do cristianismo confirmar-se-ia. Vejamos, então, o processo de conclusão de que Ficino faz filosofia cristã e não pagã.

O termo filosofia cristã é de uso recorrente e, no entanto, obscuro. Em geral, associa-se ao termo escolástica, ou seja, a uma filosofia que harmoniza com dogmas religiosos.[2] O problema de se falar em uma filosofia cristã é o mesmo de se falar no conflito entre fé e razão, teologia e filosofia. Afirma Gilson:

> Ora, é um fato que houve, entre os filósofos gregos e nós, a revelação cristã e que ela modificou profundamente as condições nas quais a razão se exerce. De que maneira os que têm essa revelação poderiam

[2] Ibidem, p. 6.

filosofar como se não a tivessem? Os erros de Platão e Aristóteles são precisamente os erros da razão pura; toda filosofia que pretender se bastar a si mesma incorrerá neles ou em outros que serão piores, de sorte que o único método seguro consiste hoje, para nós, em tomar a revelação como guia a fim de alcançar alguma inteligência do seu conteúdo, e é essa inteligência da revelação que é a própria filosofia.[3]

Temos, portanto, o caráter essencial de uma filosofia cristã: ela necessariamente irá se fundamentar na revelação. É uma filosofia que obtém seus princípios da fé e inevitavelmente dela parte. Recorre-se à razão somente com o intuito de expor o conteúdo da fé e evitar erros.[4] Nas palavras de Gilson, define-se como filosofia cristã "toda filosofia que, embora distinga formalmente as duas ordens, considere a revelação cristã uma auxiliar indispensável da razão".[5]

De acordo com o filósofo, pode se classificar uma filosofia como filosofia cristã em razão de seu propósito. Uma tal filosofia busca, antes de qualquer coisa, exaltar a glória e o poder de Deus. Ou, ainda, demonstrar que Deus "é o Ser e o Eficiente, no sentido de que tudo o que é só é por Ele e tudo que se faz é feito por Ele".[6] Ora, foi justamente isso que demonstramos ao analisar a ontologia de Marsílio Ficino nos capítulos 2 e 3.[7]

Étienne Gilson leva a discussão adiante e coloca:

> Que uma filosofia pagã, como a de Aristóteles, atribua aos seres finitos essa subsistência, essa independência e essa eficácia, nada mais natural. Que ela faça depender da existência e da ação dos corpos sobre nossa alma o conhecimento que temos dela, é evidente.

---

[3] Ibidem, p. 9.
[4] Ibidem, p. 10.
[5] Ibidem, p. 45.
[6] Ibidem, p. 20.
[7] Ver, especialmente, os tópicos 4.3 e 4.4 do nosso capítulo 2, e 3.6 do nosso capítulo 3.

Mas um cristão deveria ser mais inspirado. Sabendo que causar é criar e que criar é a operação própria do ser divino, Santo Tomás deveria ter negado a existência das naturezas ou das formas substanciais, relacionando unicamente a Deus toda a eficiência e, com isso, situar n'Ele a origem tanto dos nossos conhecimentos quanto das nossas ações.[8]

Obviamente, Gilson recupera o problema do impasse entre fé e razão utilizando o exemplo de Santo Tomás de Aquino; contudo, o argumento ainda é válido uma vez que, para todos os efeitos, tanto Santo Tomás quanto Marsílio Ficino estabeleceram empreitadas similares. Detenhamo-nos no trecho que diz ser próprio ao cristão fazer uma filosofia que atribua a Deus toda eficiência e segundo a qual a Ele tudo o mais remonta. Ora, após a leitura que fizemos de Ficino, não há como não o classificar como filósofo cristão. O que para Gilson foi supostamente falho em Santo Tomás, em Ficino aparece afirmado com todas as letras: só a Deus Ficino atribui eficiência, e só em Deus se pode encontrar a origem de nossos pensamentos e de nossas ações. Basta, para tanto, lembrarmos a apresentação que ele faz dos conceitos de ser, bondade, verdade e unidade, que apresentamos também nesta obra.

Em uma filosofia cristã, o monoteísmo se estabelece como o princípio dos princípios,[9] e tal concepção exige logicamente que, se há apenas um Deus, tudo deve se referir a Ele. Com efeito, não é possível apontar esse postulado em nenhum sistema filosófico grego: somente em um sistema filosófico cristão será possível encontrar um ser único e supremo com o nome de Deus e identificar na ideia desse Deus a sustentação de todo o sistema do universo.[10] Em outras palavras, conclui Gilson:

> O pensamento cristão fez da ideia de Deus a pedra angular de toda metafísica (...). Falar de um ser supremo,

---

[8] Étienne Gilson, op. cit., p. 20.
[9] Ibidem, p. 54.
[10] Ibidem.

no sentido próprio dos termos, é antes de mais nada admitir que só existe um ser que merece verdadeiramente o nome de Deus e, ademais, é admitir que o nome pertença a esse ser único num sentido que só a ele convém. Pode-se porventura dizer que o monoteísmo foi transmitido aos pensadores cristãos pela tradição helênica?[11]

Dito desse modo, não se poderia admitir a hipótese de que Marsílio Ficino paganizou o cristianismo. Em verdade, dado o desenvolvimento de sua filosofia, só podemos afirmar que ele permaneceu fazendo filosofia cristã, partindo de premissas próprias da revelação e elaborando uma metafísica que – embora tome emprestado conceitos e herde concepções pagãs – pode ser apreendida como diversa da metafísica pagã: sua reflexão possui uma agenda cristã, que é justamente exaltar e glorificar a Deus. E seu Deus é o Deus cristão, ou seja, é o mesmo Deus bíblico de Moisés. Ambos se perguntam pelo caráter de Deus, e Moisés pergunta a Deus diretamente, recebendo como resposta "Eu sou o Eu sou" (Êxodo 3,14). Ora, Deus fala sem metafísica alguma; no entanto, a partir desse momento fica entendido que a filosofia cristã encontrou seu princípio, e que o nome de Deus é Ser.[12]

---

[11] Ibidem, p. 54.
[12] Ibidem, p. 67 e 68.

Referências Bibliográficas

Agostinho (Santo). *Confissões*. São Paulo: Paulus, 2005.

Aquino, Tomás. *O Ente e a Essência*. São Paulo: Vozes, 2005.

Aristóteles. *Metafísica*. Tomo II. São Paulo: Loyola, 2002.

Barnes, Jonathan. "Metaphysics". In: *The Cambridge Companion to Aristotle*. Cambridge: Cambridge University Press, 1995.

Baron, Hans. *The Crisis of the Early Italian Renaissance*. Nova Jersey: Princeton University Press, 1966.

Bréhier, Émile. *Histoire de la Philosophie*. Vol. 1. Paris: Librarie Félix Alcan, 1928.

Brown, Alice. "Hans Baron's Renaissance". In: *Historical Journal*, n. 33, 1990, p. 441-48.

Burckhardt, Jacob. *A Cultura do Renascimento na Itália*. São Paulo: Companhia das Letras, 2003.

Bussanich, John. "Plotinus's Metaphysics of the One". In: Gerson, Lloyd P. *The Cambridge Companion to Plotinus*. Cambridge: Cambridge University Press, 1996.

Cassirer, Ernst. *Indivíduo e Cosmos na Filosofia do Renascimento*. São Paulo: Martins Fontes, 2001.

Cassirer, Ernst; Kristeller, Paul Oskar; Randall Jr., John Herman. *The Renaissance Philosophy of Man*. Chicago: The University of Chicago Press, 1956.

CELENZA, Christopher S. *The Lost Italian Renaissance: Humanists, Historians, and Latin's Legacy*. Baltimore: The Johns Hopkins University Press, 2004.

COLLINS, Ardis B. *The Secular is Sacred: Platonism and Thomism in Marsilio Ficino's Platonic Theology*. Springer, 1974.

CORSI, Giovanni. "The Life of Marsilio Ficino". In: FICINO, Marsílio. *The Letters of Marsilio Ficino*. Vol. 3. Londres: Shepheard-Walwyn, 1994.

DELUMEAU, Jean. *A Civilização do Renascimento*. Vol. 1-2. Lisboa: Estampa, 1994.

ELDHEIT, Amos. "Humanism and Theology in Renaissance Florence: Four Examples (Caroli, Savonarola, Ficino, and Pico)". In: *Verbum Analecta Neolatina*, VII/2, 2006, p. 271-90.

FERGUSON, Wallace R. "The Interpretation of Italian Humanism – The Contribution of Hans Baron". In: *Journal of the History of Ideas*, n. 19, 1958, p. 14-25.

FICINO, Marsílio. *Opera Omnia*. 2. vol. Basle, 1576.

_____. *Platonic Theology*. Vol. I. Massachusetts: Harvard University Press, 2001.

FIELD, Arthur. "The Platonic Academy of Florence". In: ALLEN, Michael B. (ed.). *Marsilio Ficino: His Theology, his Philosophy, his Legacy*. Boston: Brill, 2002, p. 359-76.

FUBINI, Ricardo. "Renaissance Historian: The Career of Hans Baron". In: *Journal of Modern History*, n. 64, 1992, p. 541-74.

GILSON, Étienne. *O Espírito da Filosofia Medieval*. São Paulo: Martins Fontes, 2006.

_____. *A Filosofia na Idade Média*. 2. ed. São Paulo: Martins Fontes, 2007.

HANKINS, James. "The Myth of the Platonic Academy of Florence". In: *Renaissance Quarterly*, n. 44, 1991, p. 429-75.

_____. "The 'Baron Thesis' after Forty Years and Some Recent Studies of Leonardo Bruni". In: *Journal of the History of Ideas*, n. 56/2, 1995, p. 309-30.

_____. *Renaissance Civic Humanism: Reappraisals and Reflections.* Cambridge: Cambridge University Press, 2000.

_____. *Humanism and Platonism in the Italian Renaissance.* Vol. I. Roma: Edizione di Storia e Litteratura, 2003.

_____ (org.). *The Cambridge Companion to Renaissance Philosophy.* Cambridge: Cambridge University Press, 2007.

_____. "Marsilio Ficino". Disponível em: www.isns.us.

HUIZINGA, Johan. *O Declínio da Idade Média.* Lisboa: Ulisseia, 1996.

KRISTELLER, Paul Oskar. *Renaissance Thought: The Classic, Scholastic, and Humanist Strains.* Nova York: Harper Torchbooks, 1961.

_____. *Renaissance Thought and its Sources.* Nova York: Columbia University Press, 1979.

_____. *Renaissance Concepts of Man and Other Essays.* Nova York: Harper & Row Publishers, 1972.

_____. *The Philosophy of Marsilio Ficino.* Nova York: Columbia University Press, 1943.

LAUSTER, Jörg. "Marsilio Ficino as a Christian Thinker: Theological Aspects of his Platonism". In: ALLEN, Michael (ed.). *Marsilio Ficino: His Theology, his Philosophy, his Legacy.* Boston: Brill, 2002.

LEGOFF, Jacques. *Os Intelectuais na Idade Média.* Rio de Janeiro: José Olympio, 2003.

LEVI, Anthony. "Ficino, Augustine, and the Pagans". In: ALLEN, Michael (ed.). *Marsilio Ficino: His Theology, his Philosophy, his Legacy.* Boston: Brill, 2002.

MAGNARD, Pierre (dir.). *Marsile Ficin – Les Platonismes à la Renaissance.* Paris: Vrin, 2001.

MARÍAS, Julián. *História da Filosofia.* São Paulo: Martins Fontes, 2004.

MAZZOCO, Angelo (org.). *Interpretations of Renaissance Humanism.* Boston: Brill, 2006.

MORA, Ferrater J. *Dicionário de Filosofia.* Vol. 1-4. 2. ed. São Paulo: Loyola, 2004.

O'MEARA, Dominic J. *Neoplatonism and Christian Thought*. Nova York: State University of New York Press, 1982.

PARMÊNIDES. *Le Poème: Fragments*. Paris: Presses Universitaires de France, 2004.

PLOTINO. *Ennead*. Vol. 1-7. Trad. A. H. Armstrong. Loeb Classical Library, 1969-1988.

RAYMOND, Marcel. *Marsile Ficin (1433-1499)*. Paris: Les Belles Lettres, 2007.

REALE, Giovanni; ANTISERI, Dario. *História da Filosofia*. Vol. I-III. São Paulo: Paulus, 2004.

SKINNER, Quentin; SCHMITT, Charles B.; KESSLER, Eckhard. *The Cambridge History of Renaissance Philosophy*. Cambridge: Cambridge University Press, 2004.

VOIGT, Georg. *Die Wiederbelebung des Classischen Alterthums Oder das Erste Jahrhundert des Humanismus*. Nabu Press, 2010; 1. ed., Berlim, 1859.

Dados Internacionais de Catalogação na Publicação (CIP)
(Câmara Brasileira do Livro, SP, Brasil)

Carvalho, Talyta
    Fé e razão na renascença : uma introdução ao conceito de Deus na obra filosófica de Marsílio Ficino / Talyta Carvalho ; prefácio de Luiz Felipe Pondé. – São Paulo : É Realizações, 2012. – (Coleção filosofia atual)

    Bibliografia
    ISBN 978-85-8033-082-3

    1. Cristianismo 2. Deus - Existência 3. Fé e razão 4. Ficino, Marsílio, 1433-1499 5. Humanismo 6. Metafísica 7. Religião - Filosofia 8. Renascença 9. Teologia platônica I. Pondé, Luiz Felipe. II. Título. III. Série.

12-02905   CDD-201

Índices para catálogo sistemático:
1. Filosofia do Renascimento : Conceito de Deus na obra filosófica de Marsílio Ficino : Filosofia cristã : Cristianismo   201

Este livro foi impresso pela Prol Editora Gráfica para É Realizações, em março de 2012. Os tipos usados são Minion Condensed e Adobe Garamond Regular. O papel do miolo é pólen bold 90g, e o da capa, cordenons stardream rosequartz 285g.